野口悠紀雄

日銀の限界

円安、物価、賃金はどうなる?

GS
幻冬舎新書
752

はじめに

なぜ異常な円安を止められなかったのか?

本書のタイトル『日銀の限界』には、3つの意味がある。

第一は、異常な円安を止められなかったことだ。

円安は、国民生活に多大な悪影響を与える。その弊害が誰の目にも明らかだったのに、日本銀行は、円安が異常な水準に進むのを止めなかった。あるいは、さまざまな制約のために、止められなかった。これが「日銀の限界」の第一の意味だ。

では、**何が制約だったのか? 日銀は、その制約から脱却できたか? 日銀がこれから進めようとしている金融政策は、国民生活から見て、正当化できるか?** これが、本書が追究しようとするテーマである。

なお、2024年7月末から8月初めにかけての株価暴落を止められなかったことは、日銀の限界ではない。株価変動は、もともと激しい。株価下落に対して、どの国の中央銀行も、少なくとも形式的に言えば、責任を負っていない。日本銀行もそうだ。

「異常な円安」がもたらした「異常な経済」

２０２２年頃から24年７月にかけて、顕著な円安が進み、同時に株価が目ざましく上昇した。バブル後最高値の更新が、連日のようにニュースとなった。

また、23、24年春闘での賃上げ率が歴史的な高水準となり、それまで停滞していた日本の賃金がようやく上昇するとの見方が広がった。日本経済が停滞から脱却し始めたとの意見が、多くの経営者などから聞かれるようになった。

しかし、これらは、実体経済の再生によって生じたものではなかった。これら全ては、異常な円安によってもたらされた、異常な現象にすぎなかったのである。

22年以降、ＦＲＢ（アメリカ連邦準備制度理事会）をはじめとする世界の中央銀行が、インフレ対策のために急速な利上げを行なった。それにもかかわらず、日本銀行だけが、低金利政策に固執し続けた。その結果、日本の金利水準が世界標準に比べて著しく低くなってしまった。

　これによって生じた金利差を利用して利益をあげようとするヘッジファンドなどが、「円キャリー取引」という投機取引を拡大し、円安が異常な水準にまで進んだ。

　つまり、異常な円安は、投機の産物だったのだ。本書ではこれを「円安カジノ経済」と呼んでいる。

　円安になると、なぜ株価が上昇するのか？　それは、企業の利益（とくに製造業の輸出関連大企業の利益）が、円安によって自動的に増加するからだ。

　円安になると円表示での輸出額が増えるので、売上高が増える。円表示の輸入額も増えるので企業の原価も増えるが、企業はこれを販売価格に転嫁する。したがって、粗利益（売り上げ－原価）が増える。そして、賃金を一定にすれば、利益が増えるのである。

　異常な円安の影響は、日本国内の多くの経済活動や、日本人の生活のさまざまな側面に及んだ。

　まず、海外からインフレが輸入されて消費者物価が上昇し、国民生活を圧迫した。

　日本の賃金が外国に比べて安くなったため、貴重な労働力を外国に奪われるという事態も生じた。

また、日本人が海外を旅行するのが困難になった反面で、外国人にとって日本への旅行は極めて安いものになった。このため、多数の旅行客が日本に殺到し、観光公害の問題を引き起こした。

どこまで円高になるか？

以上で述べたバブル経済が、２０２４年8月に崩壊した。

為替レートは急激に円高になった。異常な円安が今後どこまで修正されるかは、日米金利差がどこまで縮小するかによる。それは、日米の金融政策によって決まることだが、アメリカの金融政策の影響が圧倒的に大きい。なぜなら、アメリカの金利引き下げ可能幅は大きいが、日本の金利引き上げ可能幅は小さいからだ。これは、金利引き上げに対する日本経済の耐性が弱いためだ。これが「日銀の限界」の第二の意味だ。

生産性向上を伴わない「物価と賃金の好循環」はまやかし

２０２４年の春闘以来、賃金が上昇している。しかし、いま生じている賃上げは、生産性の向上によってもたらされたものではない。企業は賃上げ分を、販売価格に転嫁している。これは、消費者の負担において実現している「悪い賃上げ」だ。

日銀は、この過程を「物価と賃金の好循環」だとし、望ましいものとしている。しかし、これは、コストプッシュ・インフレであり、賃金と物価の「悪循環」だ。賃上げが進むと、物価が上昇する。そして、物価が上昇するために、さらに賃金を引き上げなければならなくなる。

また、企業は、輸入物価が下落した局面において、これを販売価格の低下に還元しなかった。こうした企業行動を、本書では「強欲資本主義」と呼んでいる。

本当に必要なのは、日本経済の実体を強くすることだ。そのためには、金融政策の正常化が必要だが、それだけでは十分でない。日本経済のさまざまな側面で改革が求められる。これが「日銀の限界」の第三の意味だ。日銀がいくら金融政策を行なって経済を活性化しようとしても、企業が「強欲資本主義」を貫いていたら、いつまでたっても国民の生活は豊かにならないだろう。

持続的成長のためには、さまざまな政府施策が必要だし、経済の構造改革も必要だ。また、日本人一人ひとりが努力することが必要だ。

◆　◆　◆

各章の概要は、以下のとおりだ。

第1章においては、2024年7月から8月初めにかけて起きた株価大暴落について述べる。暴落の直接のきっかけは、アメリカの景気動向指数の悪化だが、基本的な原因は、日米の金融政策の違いによって金利差が拡大し、それによって円安が異常な水準にまで進行していたことだ。それが限度に達したために、為替レートに変調が生じ、その結果、株価が下落したのである。

第2章では、異常な円安が日本国内の経済活動や日本人の生活に与えたさまざまな問題を見る。

まず、人材競争で外国に競い負けすることや、観光公害などの問題がある。さらに、日本人が海外留学できなくなることや、海外への資金流出という問題もある。

その反面で、企業の利益は自動的に増大した。この効果があるため、これまで日本では、円安が望ましいとする意見が強かった。しかし、企業利益が円安で増大するのは、企業が原材料価格の上昇を消費者に転嫁するからだ。だから、消費者の立場から見て、円安に望ましい面は一つもない。

第3章では、円安をもたらした構造的要因について考える。デジタル赤字や新NISAによる海外への資金流出は、それ自体としては大きな問題だが、円安の原因とは考えられない。最も重要な構造要因は、日本経済が弱体化しているために、金利を十分な高さに引き上げられないことだ。

第4章では、日本銀行の金融政策のあり方の基本を問題とする。日銀は為替レートの水準を問題にしないと説明したことがあったが、それは正しいことだろうか？　他方で、日銀は株価の変動には極めて敏感だ。これは、中央銀行の政策のあり方として正しいと言えるだろうか？

第5章では円レートの将来の見通しについて述べる。円キャリーの巻き戻しで、どこまで円高が進むか？　購買力平価との比較などによって、この問題を論じる。

第6、7章のテーマは、企業がさまざまな負担を販売価格に転嫁するという「強欲資本主義」だ。日本の場合には、第7章で論じるように、円高が進んで輸入物価が下落したとき、企業はそれを販売価格に反映させなかったという事実がある。

企業が賃金上昇分を売り上げに転嫁することは、日本では「物価と賃金の好循環」と言われている現象だが、深刻なコストプッシュ・インフレをもたらす「悪い賃上げ」だ。この問題について、第8章で分析する。

円安に頼った見かけ上の利益増ではなく、生産性の向上を図り、長期的に安定的な成長を実現することが必要だ。日本では、技術的に可能であっても、関係業界の反対のために新しい技術を導入できない場合が多い。ライドシェアリングがその一例だ。この問題について、第9章で論じる。

第10章では、日米新政権の発足により、これからの日本経済がどのように展開するかを論じる。

◆　◆　◆

本書は、「現代ビジネス」「東洋経済オンライン」「ビジネス+IT」「ダイヤモンド・オンライン」「時事通信　金融財政ビジネス」に公表した記事を基としている。これらの掲載にあたってお世話になった方々に御礼申し上げる。(注)本書の刊行にあたっては、幻冬舎編集部の四本恭子氏にお世話になった。御礼申し上げたい。

2024年9月

野口悠紀雄

（注）「東洋経済オンライン」の初出は、以下のとおり（いずれも2024年）。「カジノ経済」のメカニズムを分析する（9月1日）、株高を支えてきた「異常円安メカニズム」が崩壊（8月18日）、急増する企業利益と、停滞する賃金（6月23日）、ULCとスタグフレーション、販売価格に転嫁される賃上げは、危険なスタグフレーションの入り口（6月9日）、日銀の金融正常化は、日本経済を正常化させるか？（3月31日）。

日銀の限界／目次

第2章　円安がもたらした弊害と混乱　48

第6章 インフレに便乗して利益を増やす「強欲資本主義Ⅰ」 179

第7章　輸入物価の下落を還元しない「強欲資本主義Ⅱ」　207

第8章　価格転嫁で賃上げを実現する「強欲資本主義Ⅲ」　225

第9章 円安に頼らぬ長期成長は実現できるのか

図版・DTP　美創

〈図表目次〉

第1章 「異常な円安」に依存した株価が大暴落

1 株価が歴史的大暴落

日本経済の基調大転換を示す株価暴落

2024年7月の終わりから8月初めにかけて、株価が暴落した。それまで数年間続いていた日本経済の基調が、ここで大転換した。

それまでの基調とは、異常なまでの円安の進行と株価の上昇だ。20年に1ドル＝100〜105円程度であったドル円レートは、22年になって急激な円安に転じ、24年7月9日には、1ドル＝161円を超える円安になった。株価も、24年初めから目覚ましく上昇し、2月22日には、1989年12月29日につけた終値の史上最高値3万8915円を更新した。そしてその後も、史上最高値の更新が頻繁にニュースとなった。

為替レートについては、7月11、12日に円買い介入が行なわれたこともあり、変化の兆しが7月中旬から生じていた。そして、7月25日には1ドル＝154円程度までの円高が進んでいた。しかし、株価については目立った変調は見られなかった。

株価暴落が起きたのは、7月30、31日に日本銀行の金融政策決定会合が行なわれた直後である。日経平均株価（終値）は、7月31日（水）の3万9101円から、8月1日（木）には3万8126円に下落した。

さらに、2日（金）には3万5909円になった。そして、週明けの5日（月）には、3万1458円となった。これは、7月11日の4万2224円から1万円（25・5％）以上の下げで、史上最大の大暴落だった。日経平均株価は、年初（24年1月4日の3万3288円）をも下回る水準にまで下落したのだ。

確実に利益をあげられる投資法など存在しない

本書では、為替レートの大変動と株価暴落の原因を探究する。しかし、あらかじめお断りしておきたいが、いくら探究したところで、それによって投資で利益を得られるわけではない。なぜなら、どんなに優れた分析能力を持つ人が、どんなに大量のデータを分析したとしても、将来の株価や為替レートを正確に予測することはできないからだ。

これは、ファイナンス理論で「効率的市場仮説」と呼ばれる考えだ。

予測できないのは、ファイナンス理論が未発達で無力だからではない。まったく逆であって、株式市場や外国為替市場が高度に発達した市場だからだ。

そのような市場では、現在利用可能な情報のすべてが、市場価格に反映されてしまう。だから、将来の価格は、現在は分からない情報によってのみ影響を受ける。そのため、将来の価格は〝ランダムウォーク〟する。つまり、予測することができないのだ。

「金融リテラシーを身につけることが重要」と、よく言われる。そのとおりだが、もっとも重要なのは、株価を予測する手法を学ぶことではない。そのような手法は、存在しないのである。重要なのは、「株式投資で確実に利益をあげる方法は存在しない」と認識することだ。

2　株価上昇は、円安の産物だった

実体経済の変化ではなく、円安で株価が上昇

２０２４年初めから、日本の株価は急速に上昇した。なぜ日本の株価が上昇を続けるかについて、さまざまな説明が行なわれた。例えば、日本企業が活力を取り戻したためだとの説明がなされた。外国人投資家が日本株を再評価して、日本に対する投資を増加させたという説明もなされた。

しかし、いまになってみると、24年年初来の株価の上昇は、日本経済の実体的な変化によってもたらされたものではなく、円安によってもたらされたものであることが明らかだ。だから、為替レートが円高になれば、簡単に崩壊してしまったのである。

つまり、日本企業の利益は、新技術の開発や新しいビジネスの開発によって増加したのではなかった。単に円安によって、帳簿上の利益が増加しただけだったのである（こ

れについての詳しい説明は、第2章の6で行なう)。

為替レートが日本経済の動向の基本を決める最重要の原因なのであれば、これについて詳細な検討を行なうことが必要だ。

第一に、22年に始まったアメリカの利上げ以降の主要各国の為替レートの動き。第二に、それをもたらした原因が何であったかの分析。第三に、その結果として経済がどうなったかの分析だ。以下では、これらの問題について検討することにしよう。

ドルに対して顕著に減価したのは、円だけ

日本の株価下落の原因は、アメリカの景気後退によって日本経済が悪影響を受けることだと説明されている。ところで、アメリカの景気後退の影響は、他国の株価にも及ぶはずだ。しかし、実際にはそうならなかった。株価が顕著に下落したのは、アメリカ以外では日本だけのことだったのである。

2022年にアメリカが利上げを開始して以降、世界の多くの国が追随して利上げをした。しかし、日本は追随しなかった。このため、日本円の減価は際立っていた。だか

ら、利下げによってアメリカの金利が利上げ前の状態に戻されれば、その影響を最も強く受けるのが日本なのだ。

日本以外の主要国の中央銀行は、これまでアメリカの利上げに追随して利上げをしてきた。だから、アメリカが利下げをしても、それに追随して利下げをすれば、アメリカとの金利差は変わらない。したがって、対ドル為替レートも大きな影響を受けない。

ところが、日本は、これまでアメリカが利上げしたのに、異常とも言える低金利政策を続けてきた。だから、利下げをしようと思っても、アメリカが行なうような大幅な引き下げを行なうことができない。このため、アメリカが利下げをすれば、日米金利差が縮小することを防げず、したがって、円高になるのを防げないのである。

以下では、このことを、この数年間の情勢を振り返って確かめることとしよう。本章の1で述べたように、為替レートの将来を予測することは不可能だが、これまでの推移を振り返ることは、今後を予測するための重要な情報を与えてくれるだろう。

まず、ここ数年の主要通貨のレートの推移を見ておこう。日本円は、2016年から19年頃までは、1ドル＝105～110円程度で推移していた。そして、図表1－1に

図表1-1　ドル円レートの推移（1ドル当たり円）

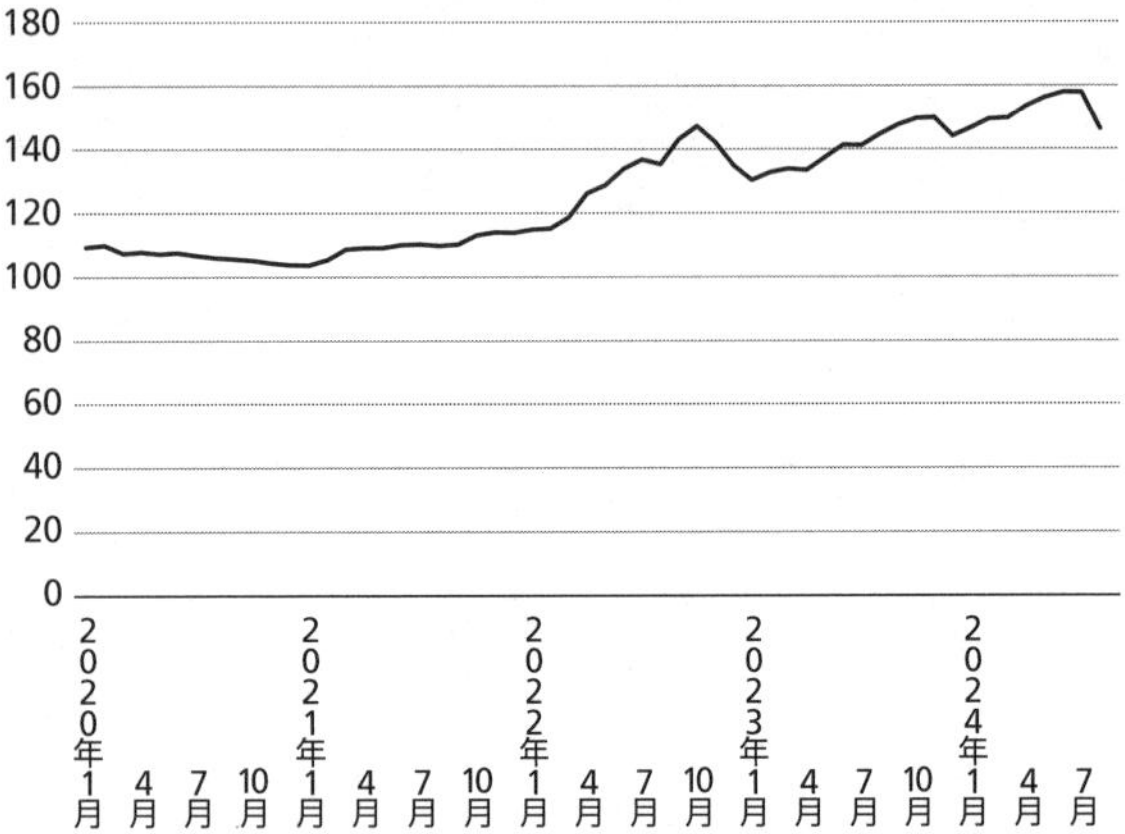

日本銀行のデータより著者作成

示すように、２０２１年までは、ほぼその水準から乖離《かいり》しなかった。

　ところが、アメリカが金利を引き上げた２０２２年以降、急激に円安が進み、２０２２年10月には、１ドル＝１４８円になった。その後、年末にかけて円高に進んだが、23年１月から再び円安が進み、23年10月には１５０円を超える円安になった。その後は若干円高になったが、24年１月から再び円安になった。コロナ前と比べると、円の価値は、３割以上も下落したことになる。

　一方、ポンドを見ると、２０２０年の初めに１ドル＝０・７８ポンド程度だったのが、21年に増価した後、22年に減価し、9月には0・9ポンドになった。しかし、その後増価し、24年7月では0・78ポンドだ。したがって、コロナ前とほとんど変わらない。

ユーロも同じだ。2020年には、1ドル＝0・9ユーロ程度であった。21年後半から減価し、22年9月に1ドル＝1・03ユーロになった。しかし、その後増価し、24年7月には0・92ユーロとなった。つまり、コロナ前の水準とあまり変わらない。

このように、ポンドもユーロも、アメリカが金利引き上げを開始した22年には減価したが、その後増価して、ほぼコロナ前の水準に戻っている。円の場合とは、大きく違う。

韓国ウォンの対ドルレートは、20年初めには、1ドル＝1195ウォン程度だった。その後、一時増価したあと、21年からウォン安が進み、24年7月では1380ウォン程度となっている。このように、最近のレートはコロナ前よりウォン安になっているものの、日本円のような大きな減価ではない。

こうした比較から分かるように、日本円だけが他の主要通貨に比べて、この数年間に著しく減価したのだ。

日本だけが異常な低金利を継続

以上で見た違いを引き起こした原因は、各国の金融政策の違いだ。

FRB（連邦準備制度理事会）は、2020年3月、コロナ禍への緊急措置として政策金利をそれまでの1・75％から、歴史的低水準である0・25％にまで引き下げた。その後、22年3月から、インフレ抑制のため、段階的に政策金利の引き上げが行なわれ、23年7月までに5・50％になった。

イングランド銀行は、政策金利をそれまでの0・75％から、20年3月に0・10％に引き下げた。しかし、21年12月から引き上げが始まり、政策金利は23年8月には5・25％にまで上昇した。

ユーロ圏の政策金利は、0・00％に保たれていたが、21年後半からのインフレ圧力と経済の回復に応じて、ECB（欧州中央銀行）は、22年7月に、0・50％に引き上げた。その後、ほぼ毎月金利が引き上げられ、23年9月には4・50％にまで引き上げた。

韓国の政策金利は、20年5月には歴史的な低水準である0・50％に設定されたが、

21年に、インフレ圧力への対応を図るため、段階的に金利が引き上げられた。21年末までには1・00％に引き上げられ、23年1月には3・50％に達した。その後は金利を据え置いている。

このように、多くの中央銀行が政策金利を大幅に引き上げた。ところが、日本の政策金利は、非常に低い水準を維持した。20年の政策金利はマイナス0・10％で、この水準は、24年2月まで変わらずに維持された。

24年3月に、政策金利が0・10％に引き上げられ、このレベルが、24年7月31日に0・25％に引き上げられるまで維持された。これに対応して、長期金利も低いレベルで推移してきた。

このように、長期にわたって極めて低率の政策金利を維持してきた日本銀行の金融政策は、インフレ抑制を最大の課題として利上げを行なってきた諸外国の中央銀行の政策とは、大きく異なるものだった。異常といってもよいくらいだ。このような低金利政策が、円の国際的な価値を下落させたのだ。

円安で利益を得るセクターを重視しすぎた

では、日本銀行は、なぜ金利を諸外国並みに引き上げなかったのか？　その理由として、一般につぎのようなことが言われる。

第一に、日本経済は輸出に大きく依存しているが、低金利は円安を促し、国際市場での日本製品の競争力を保つのに役立つとされる。第二に、日本の公的債務残高は巨額なので、金利が上昇すれば、国債の利払い負担が増大し、財政状況がさらに悪化するとされる。

しかし、右の理由づけには疑問がある。第一に、円安が日本製品の競争力を高めるかどうかは疑問だ。第二に、国債の利払い負担が低下したことは、放漫財政をもたらしたと考えられる。

さらに、以上のような事情は、程度の差はあれ、日本だけでなく他の国にもある。だから、「なぜ日本だけが金利を引き上げられないのか？」という疑問の答えにはならない。

日本は、円安によって利益を得るセクターをあまりに重視すぎて、極端な低金利政策を続けてきたとしか考えられない。

円キャリー取引によって円安が加速

ところで、ドル円為替レートは、投機的な取引によって大きく左右される。これは「円キャリー取引」と呼ばれるものだ。金利の低い通貨である日本円で資金を調達し、金利の高い通貨であるドルで運用する。これは、投機的な取引であるために、為替レートの変動を大きくする。

なお、円キャリー取引については、第3章の1、2、4で詳しく説明する。また、円キャリー取引の「巻き戻し」について、第5章の1で説明する。

為替レートが大きく変動するようになると、企業利益も大きく変動する。そして、株価も大きく変動することになる。

日本から海外への投資であれば、円評価の資産額は、現地の株価変動に為替レートの変動が加わって変動する。

どちらにしても、株式投資の利益の変動が大きくなり、かつ動きが予測しがたいものになる。これは、国民の資産運用に対して重要な意味を持つ。従来よりも株式投資の変動が大きくなり、予測しがたいものになるからだ。

　ところが、２０２４年1月に、少額投資非課税制度である新ＮＩＳＡが導入されて、爆発的といってもよいほどの人気を集めた。とくに外国株への投資が増えた。

　新ＮＩＳＡが大々的に喧伝されたため、若年層を中心として、多くの人々が投資に関心を持ったからだろう。そして、24年になってからの日米の株価上昇が著しかったことが、それに拍車をかけたのだろう。さらに、ＮＶＩＤＩＡ《エヌビディア》など、アメリカのＡＩ関連企業の株価が急上昇し、それに円安が加わったので、海外投資に向かったのだろう。

　確かに、株式投資は、期待収益率が銀行預金より高い。しかし、それはリスクが高いからだ。一般に、リスクが高い資産の期待収益率は高く、期待収益率の低い資産のリスクは低い。株価暴落は、このような基本的事実の正しさを、あらためて確認させることになった。

3　株価暴落は、円安依存経済への警鐘

大暴落の原因：株価を動かすのは予想外のニュース

本章の1で見た株価暴落の原因は何だったのだろうか？　考えられるものとしては、つぎの3つがある。

1. 日本銀行による利上げ
2. FRBによる利下げ予告
3. アメリカの景気指標の悪化

結論を言えば、これらのうち、1、2ではなく、3が主因だった。ただし、それが直接に影響したのではなく、「それによって、FRBの利下げ幅が大きくなり、円高が進む。それが日本企業の収益を低下させる」という予想が広がったためだ。

ここで重要なのは、「何が予想外のニュース（サプライズ）だったのか？」という点

だ。本章の1で「効率的市場仮説」に関して述べたように、予測されていたことは、すでに株価に織り込み済みになっているはずだからである。株価を動かすのは、予想外のニュースなのだ。

7月末から8月初めに起きたこと

何が起きたかを時系列に沿って整理しておこう。２０２４年7月30、31日に日銀が金融政策決定会合を開いた。ここでの決定は国債購入の減額だけで、利上げの決定は行なわれないと考えられていたのだが、急にそれが議題になるとの情報が伝わり、31日の午前から円高が進み、日経平均株価が下落した。

31日の15時すぎに植田和男日本銀行総裁の記者会見があり、円高が進んだ。午前中は1ドル＝１５３円程度であったものが、１５０～１５１円程度までの円高になった。しかし、株価は午後になって午前中の下落を取り戻し、終値は３万９１０１円と、前日より高くなった。

つまり、日銀の利上げ決定はサプライズであったにもかかわらず、株価にはあまり大きな影響を与えなかったのだ。

続いて7月31日（日本時間では、8月1日の午前3時）に、FRBのパウエル議長が9月の利下げを示唆した。これを受けて、ニューヨーク証券取引所では、買いが先行して取引が始まった。利下げは株価に好影響を与えるから、当然の反応だ。

これはほぼ予測されていたことだったのだが、その後、さまざまな経済統計が予想以上に米景気が悪化していることを示し始めた。とくに、失業率が上昇していることや、製造業の景況感指数が予想を下回る数字だったことが大きかった。

これを受けて、ダウ平均株価が急落し、一時は下げ幅が700ドルを超えた。日本時間の8月1日午前9時頃から急激な円高が進み、それまで1ドル＝150円程度であったものが、148円程度になった。

これを受けて8月1日の東京市場では、日経平均株価が寄り付き（その日最初の売買）から値下がりし、終値は3万8126円となった。つまり、前日から975円下落した。

日経平均株価は、8月2日も寄り付きから下落し、前日終値から2217円安い3万

5910円となった。そして週明けの8月5日には、終値が前営業日比で4451円安い3万1458円となり、過去最大の下げ幅となった。7月11日につけた終値4万2224円に比べると、1万7766円（25・5%）の下げだ。

日経平均暴落の原因は、FRBの金利引き下げ幅が大きくなるという予想

「アメリカの経済指標が悪化したから、アメリカの株価が下落した」というのはよく分かる。とりわけ大きな影響を与えたのは、失業率が急上昇したことだった。

また、半導体製造会社Intel《インテル》の業績が悪化して人員削減計画が発表され、株価が1日で4分の3に目減りするという「インテル・ショック」が生じた。これにつられて、TSMCやAmazon.comの株価も下落した。

理解しにくいのは、なぜ日本の株価が下落したかだ。日本の輸出が影響を受ける面もなくはないのだが、あまり大きな影響ではない。

株価下落の基本的要因は、円高が進んだことだ。2024年に入ってから日本企業の業績は好調だったが、それは円安によるものだったのだ。それがこれから大きく変化す

るという予想で、日本の株価が下がったのだ。

では、なぜ為替レートの動向に大きな変化が生じたのか？

為替レートは日米の金利差によって大きな影響を受けるから、日米の金融政策が関連しているはずだ。しかし、これまで見てきたように、パウエル議長の会見直後までは、大きなサプライズはなかった。

急激な円高が進んだのは、ＦＲＢによる9月の金利引き下げ幅が大きくなるという、予想の変化だったのではないだろうか？

市場では、ＦＲＢの利下げが遅すぎるとの考えが強まっていた。ＦＲＢは、今回のインフレを重大視せず、利上げに踏み切るのが遅すぎたと批判されている。そして、利下げに踏み切るのも遅すぎるとの批判が強まっていたのだろう。

株価下落の影響で、これまで考えられていたよりも利下げ幅が大きくなる可能性は十分にある。仮にそうなれば、日米金利差が一挙に大きく縮小することになり、為替レートに対して大きな影響が及ぶ。つまり、本格的な円高が進む可能性がある。実際にそうなれば、日本株に対する影響も簡単には元に戻らないものになると考えられたのだ。

円安は、日本を弱くする

円安は、日本経済の健全な発展に大きな障害となる。

円安が進めば、外国人が日本で働くことの魅力は低下する。したがって、外国人労働力に期待できなくなる。これは、人手不足が深刻化する日本で、大きな問題だ。この問題は、第2章の1で詳しく論じる。

円安で外国人旅行客は増える。しかし、観光公害も広がる。これは円安で日本への旅行や買い物が安くなったことによるものであって、日本経済の長期的な発展につながるものではない。この問題は、第2章の2、3で論じる。

円安で企業の利益は増えるが、それは帳簿上のものにすぎない。そして、企業利益が増える基本的な原因は、輸入物価の上昇を販売価格に転嫁することにある。つまり、円安による企業利益増は、消費者の犠牲において生じるのだ。生産性の向上による健全な利益増ではない。しかも、そうしたメカニズムで利益が増えるために、企業が技術開発に取り組まないという問題がある。日本経済の長期的な停滞は、これによって引き起こされた。

最近の日本の消費者物価には、国内の賃金上昇によって引き起こされたコストプッシュ的な動きも見られる。しかし、輸入物価の動向が消費者物価指数に大きな影響を与えることも間違いない。だから、賃金コストプッシュ要因によるインフレを抑制するためにも、輸入物価の引き下げが重要な課題だ。

そのために、為替レートを正常な水準に戻す必要がある。ユーロやポンドがコロナ前の水準に戻ったことを考えれば、円をコロナ前の水準に戻すことは、決して不可能ではないと考えられる。

長期金利を市場に委ねることが必要

日本銀行は、為替レートは、金融政策の目標ではないとしている。しかし、対外的な通貨価値の安定は、金融政策の最も重要な目的であるはずだ。為替レートの水準を金融政策の重要な政策目標として意識する必要がある。

また、日銀は、必要に応じて国債の買い入れを行なうとしており、金利抑制策を行なう可能性を否定していない。こうした方向づけを見直し、長期金利を完全に市場の実勢に委ねる中央銀行本来の金融政策に戻るべきだ。

また、あるべき長期金利の水準についての見通しを示す必要がある。現在の日本の金利は、適切な水準に比べて低すぎると考えられる。

物価上昇率が高くなれば、それに応じて名目金利も上昇する。物価上昇率2％が続くのであれば、長期金利は、潜在成長率プラス2％程度にならなければならない。この問題は、第10章の1で詳細に論じる。

◆第1章のまとめ

1．2024年8月初めに、日経平均株価は歴史的な大暴落を記録し、その結果、年初来の上昇分のほとんどが消滅した。

2．2022年以降のアメリカの利上げに世界各国の中央銀行が追随して利上げしたにもかかわらず、日銀だけが異常な低金利を継続した。このため、円の独歩安が続き、日本企業の利益が増大して、株価が上昇した。

3．株価暴落の原因は、「アメリカが利下げに踏み切れば、円高が進み日本企業の利益が縮小する」との見通しにある。

これまでの日本の株価上昇を支えてきたのは、円安による企業利益の増大だった。アメリカの金利引き下げでその状況が大きく変わったため、株価が暴落したのだ。

第2章　円安がもたらした弊害と混乱

1　1ドル＝109円でないと、韓国に人材をとられる

人材獲得競争で、日本は韓国に敗北

2024年の5月、日本のある造船会社がインドネシアから技能工を採用する予定だった。提示した時給は1200円。ところが、韓国が1700円を提示して、結局、韓国に取られてしまった。担当者は、「昔はこんなことはなかった」と肩を落としたという（朝日新聞「働くなら日本より韓国？」2024年8月25日）。

これは、由々しき事態だと思う。

造船業において、韓国は日本の強力なライバルだ。そして、日本でも韓国でも、技能労働者の人手不足は大変深刻だ。だから、有能な労働者を韓国に取られてしまうのは、日本の造船業にとって死活問題だ。今後とも日本で造船業を維持するためには、この問題について真剣に考える必要がある。

問題は、造船業だけではない。さまざまな分野で、技能労働者の不足が深刻な問題になっている。そして、外国人労働者は、すでに重要な位置を占めるようになっている。だから、この問題を解決できなければ、日本経済を維持することは不可能になるだろう。

1ドル=145円では日本の負け

前項の記事は為替レートの問題については触れていないのだが、実は、最も重要な問題は、為替レートなのである。2024年5月の円の対ドルレートは、1ドル=155円程度という円安になっていたので、それが人材獲得競争に影響した可能性は高い。

仮にもっと円高だったら、こうした事態にはならなかっただろう。では、そのときに、どの程度のレートだったら、日本が勝てたのだろうか?

冒頭で示した韓国の時給1700円は、日本の1200円の1・42倍だ。だから、韓国ウォンの対ドルレートが変わらず、日本円の対ドルレートが1・42倍だけ円高になれば、両国の賃金水準は等しくなる。

そのためには、ドル円レートが、現実のレートであった1ドル=155円ではなく、109円程度であった必要がある(注)。

もし実際のドル円レートがこれより円高であれば、日本は技能工獲得競争に勝てただろう。

2、3年前なら、こんなことにならなかった

1ドル=109円とか110円という水準は、いま考えると、とんでもない円高に思える。しかし、2022年の初めには、実際のレートはその程度の水準だった。そして、2021年には110円程度だったのだ。

だから、「昔はこんなことはなかった」というのは、まったくそのとおりなのである。

1ドル＝110円がわずか数年前の為替レートだったことが信じられないほど、いまの為替レートは円安になってしまった。

1ドルが160円に近づくという異常な状態からは脱却したものの、110円までの円高が簡単に進むとは思えない。

今後の為替レートは、FRBがどの程度のスピードで、どの程度の水準まで政策金利を引き下げていくかに依存する。ただ、日本が漫然とそれを待っているだけでは、11

（注）正確に言えば、つぎのとおり。

24年5月の実際の為替レートは、1ウォン＝0・11円程度であった。だから、韓国が提示した額（1700円）は、現地価格では1万5454ウォンだったことになる。

仮に、このときの為替レートがもっと円高で、1ウォン＝x円なら、1万5454ウォンが1200円に換算されるとする。つまり、15454x＝1200。これを解くと、x＝0・0776円となる。つまり、円が1・417倍ほど円高であればよい。

対ウォンでは感覚的につかみにくいと思う人が多いかもしれないので、対ドルレートで言えば、1ドル＝155円ではなく、109円程度であれば、日本は負けなかったことになる。

0円までの円高が進むことにはならないだろう。日本の金融政策を本格的に変更することが必要だ。

円安は、製造業にとって望ましいわけではない

一般に、円安になると製造業の利益は増大する（本章の6、第3章の4参照）。だから、製造業は円安を歓迎する傾向がある。右に述べた「日韓人材獲得競争」は、そうした状況が、根本的に大きく変わっていることを意味するのだ。

円安が進むことによって、日本が必要な労働力を確保できなくなり、そのために国際競争から脱落してしまうという危険が、現実の問題として生じているのである。

製造業は、「円安になればよい」という安易な考えを改め、為替レートが製造業にいかなる影響を与えるかについて、もっと真剣に考える必要がある。

韓国は、永住権の付与に積極的

人材獲得競争に影響するのは、賃金の水準だけではない。もう一つの重要な要素とし

て、永住権を得られるかどうかという問題がある。

途上国からの技能労働者の多くは、単に出稼ぎ労働をしようと考えているのではない。家族を帯同して一緒に生活したいと考えているし、できれば永住権を獲得して移住したいと考えている。

本章冒頭の記事によれば、韓国は、この点についても積極的だ。

日本にも、「特定技能制度」がある。一定の条件の下で、家族帯同が認められるし、永住権の申請もできる。造船業は、この制度の対象とされている。ただし日本の制度の要件はかなり厳しく、この点でも日本は韓国に比べて見劣りがする。

だから本当は、賃金が同水準になるだけでは十分ではない。もっと高い賃金を日本がオファーできなければならないのだ。

特定技能制度だけでは十分ではない

国際的な人材獲得競争は、いうまでもなく、造船業に限った問題ではない。さまざまな分野で同様の問題が生じている。前項で述べた特定技能制度は、この問題に対処するために作られたものだ。

ただし、この制度がうまく機能するためには、日本の賃金が高くなければならない。賃金が競争相手国より低いのでは、どんな制度を作っても人材獲得は困難だ。日本国内での賃上げだけでなく、為替レートを円高に導くことによって、国際的な面での日本の魅力を増していくことがどうしても必要とされる。

これまで多くの日本人は、日本が認めさえすれば、外国から労働力はいくらでも獲得できると考えていた。確かに、ある時点まではそうだった。

しかし、韓国をはじめとして近隣国の所得が著しいスピードで上昇しているため、もはや日本が求めても外国人労働者が日本に来てくれないという状態になっているのである。

そして、円安の進行が、それに拍車をかけた。本章の冒頭で述べた造船技能工の問題は、こうした状況を象徴するものだ。

介護人材の不足は、極めて深刻

現在の日本で、人手不足が最も深刻な分野は、介護だ。介護を受けたくても人手が足りないという事態が、すでに現実の問題になっている。

この分野においても、外国人労働者が強力な支援になる。しかし、これまで述べてきたのと同じ問題がある。

しかも介護の場合には、人材を求めている日本の競争相手国が、造船業の場合よりはるかに多い。造船業の技能工を求めている国はそれほど多くはないが、介護人材が必要というのは、どの先進国でも同じだからだ。したがって、国際的な競争は造船業の場合より厳しいと考えるべきだろう。

従来はフィリピンから日本に来ていた介護労働者が、最近の円安のために日本に来なくなり、オーストラリアに向かっているとの報道もある。円安状態から脱却できなければ、この傾向はさらに加速してしまうだろう。

図表2-1　一人当たりGDPの推移（単位：ドル）

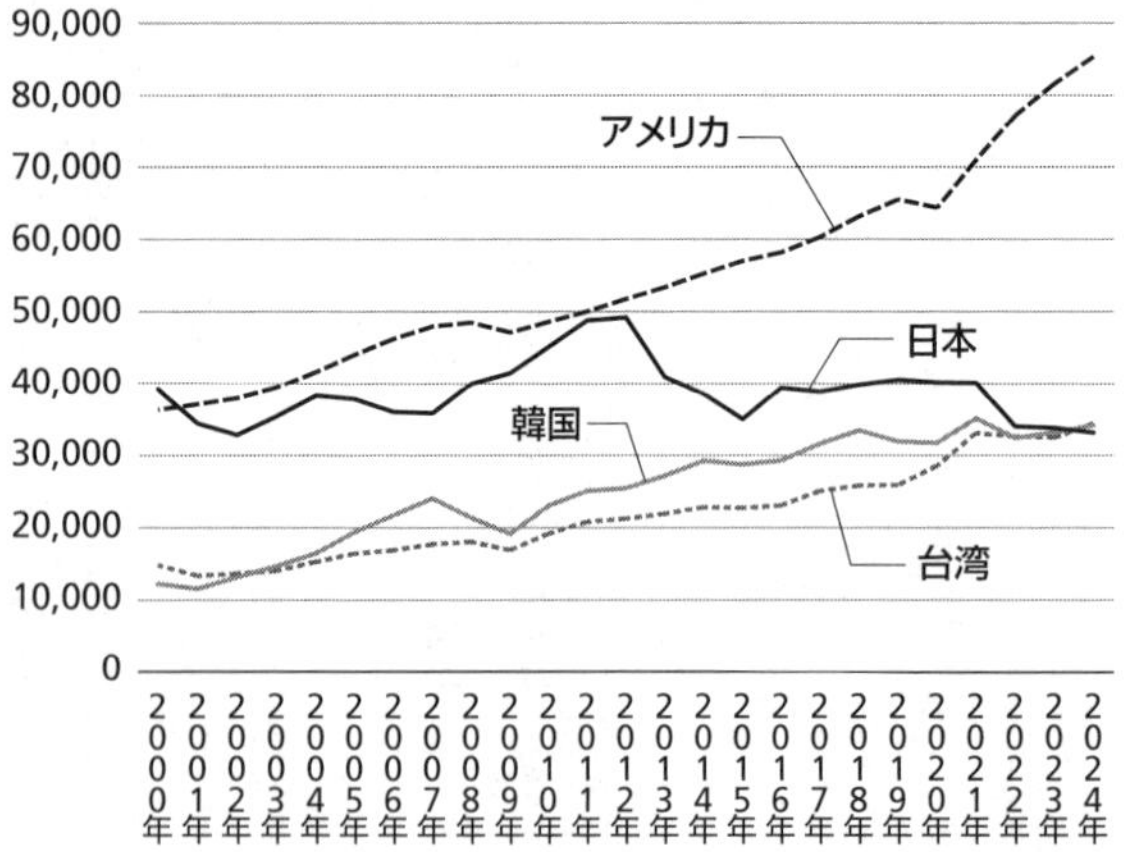

IMFのデータより著者作成

いまや韓国や台湾は日本より豊かな国

日本が提示できる時給が韓国より低くなってしまうのは、韓国が日本より豊かな国になったからだ。

国の豊かさを示す指標としてしばしば使われるのは、一人当たりGDPだ。その推移を示すと、図表2－1のとおりだ。

2000年においては、一人当たりGDPで見て、日本はアメリカより豊かな国だった。

韓国や台湾に比べると、3倍、あるいはそれ以上に豊かな国だった。

しかしその後、日本の一人当たりGD

Pは停滞を続けた。2010年から11年頃の円高期に再びアメリカに近づいたが、それ以降は、日本のドル換算の一人当たりGDPは下落した。そして、2022年以降の円安の影響でさらに下落した。いまや、日本の一人当たりGDPはアメリカの4割以下でしかない。

韓国や台湾の一人当たりGDPも顕著な上昇を示し、2022年頃には日本とほとんど同レベルになった。そして、24年においては、韓国と台湾の一人当たりGDPは日本を抜いた。

なお、以上の変化は、為替レートの変化だけで生じたものではない。自国通貨建てで見ても、日本の一人当たりGDPの成長率は低い。それに円安の影響が加わって、このような事態になってしまっているのだ。

2　異常な円安で激増する観光公害の悪夢

外国人旅行者のスーツケースで、満員電車は身動きもとれず

先日、通勤時間帯に電車に乗ったら、外国人旅行者が増えているのに驚いた。空港から都内のホテルへ移動しているのだ。5、6人連れで、巨大なスーツケースを電車の中に持ち込んでいる。ただでさえ満員の車内は、スーツケースのために隙間はまったくなし。彼らは始発駅から乗っているので座席に座っているが、途中から乗った日本人は、立ったまま押しつぶされている。

外国人旅行者の集団は、新幹線にも巨大なスーツケースを持ち込む。座席前のスペースか荷棚に載せるが、通路にはみだして通行の邪魔になる。そこで、東海道・山陽・九州・西九州新幹線では、特大荷物の車内持ち込みを事前予約制とすることにした。

オーバーツーリズムの復活

オーバーツーリズム（観光公害）とは、イタリアなどのヨーロッパ諸国で、以前から

問題になっていたことだ。外国人旅行客が押し寄せ、観光地だけでなく、日常生活空間に侵入してくる現象だ。日本の観光地でも、コロナ前から問題とされていた。

京都では、市営バスが外国人旅行者で一杯になって、地域住民が日常生活に利用することができないとか、鎌倉駅ではゴールデンウィーク中には駅の外まで行列ができ、乗車するまでに1時間近く待つというニュースが報道された。

また、外国人観光客に人気のある場所付近の住宅街では、庭や敷地内に食べ歩きのゴミが捨てられたり、私有地に無断立ち入りされたりする。多くの観光客がタクシーを利用するため、住民が利用できない。ショッピングセンターの混雑やレンタカーの交通事故も問題となった。さらに、民泊の増加などによる地価・家賃の高騰や、治安の悪化で住民が流出するという、地域価値の低下現象も懸念された。

歴史的建造物への落書きや、自然破壊、店の雰囲気の悪化などの観光資源劣化問題もあった。こうなると、国内旅行者の減少にもつながる。渋滞や混雑のため、京都への旅行を断念する日本人が増えたという。

外国人旅行客は、2013年から急激に増えた。しかし、コロナ禍で水際対策を強化したため外国人観光客の姿が消え、前記の現象はいったん止まり、地域環境が改善された。ところが、2023年10月に水際対策が大幅に緩和されたため、問題が復活し、さらに深刻度を増しているのだ。

訪日外国人客数は月300万人超え

政府観光局（JNTO）の2024年3月の発表によると、3月の訪日外客数（推計値）は308万1600人で、これまで過去最高だった2019年7月の299万人を上回った。過去最高の更新は、4年8カ月ぶりだ。1〜3月の累計でも855万8100人となり、1〜3月として過去最高になった。年間の訪日外客数が最も多かった19年の3188万人を超えるペースだ。

3月の訪日外客の国・地域別の上位は、韓国66万人、台湾48万人、中国45万人、アメリカ29万人、香港23万人だった。

一方、3月に海外へ出国した日本人数は約122万人で、19年同月比63％にとどまった。

外国人旅行客が増えたのは、円安のため

訪日外国人旅行客数は、2007年から12年までは年間800万人台だったが、2013年に急増して1000万人を超え、2019年には3188万人となった。

これは、日本の観光地の価値が急に高まったからではない。外国人にとって日本への旅行や買い物が安くなったために起きたのだ。それは、2013年に大規模金融緩和が導入されて、円安が進んだからだ。

2023年にも急激な円安が進んだ。その結果、ドル円レートは、2019年の1ドル＝110円程度から、2024年4月末には155円まで円安になった。このおかげで、外国人は、2019年当時より、4割程度豊かになった。このため、前項で述べたように、2024年に外国人旅行客が急増したのだ。

要するに、日本は、世界に向けて、歴史的なバーゲンセールをやっているのだ。安い商品やサービスを求めて、全世界から観光客が日本に押し寄せるのは、当然のことだ。

このため、ホテルは外国人で一杯。高級ホテルは、いまや日本人には高くて泊まれな

くなってしまった。ところが、ヨーロッパからの観光客は、「東京のホテルは1泊7万円で、とても安い」と言っているそうだ。

ホテルの近くのレストランでは海鮮丼が5000円。日本人の旅行客はびっくりして、「ゼロが一つ多い」と嘆いていた（テレビ朝日ニュース、2024年3月7日）。

SF：超円安がもたらす悪夢の世界

円安がさらに進めば、どうなるだろう？　以下は、私が構想中のSFのあらすじだ。

日本を訪れる外国人は、円安のためにますます豊かになり、日本中を我が物顔で歩き回るようになった。日本は国をあげて、ホテル代もレストランでの食事代も、交通費も、国際標準からすれば、信じられないほどの超安値でバーゲンをしているのだから、客が集まるのは当然だ。

外国人客が増えるので、飛行機はもちろんのこと、新幹線もホテルも、日本人には高くて利用できなくなった。利用できるのは外国人だけ。そのうち日本人は、食べるものも満足に手に入らなくなってしまった。それでも、外国人が押し寄せるのを防ぐことができない。

疲れ果てた日本人は、過去を懐かしんで、つぎのように言うだろう。

「1ドルが160円になって、大騒ぎした時代があった。まだ余裕があった古きよき時代のことだ。いまや、給料は当時と変わらないのに、ホテル代は1泊70万円、海鮮丼は5万円だ。あの時に抜本的な円安対策を実行していたら、こんな惨めなことにはならなかったのに……」

これは、遠い将来の日本の姿を描いた話のつもりだった。ところが何と、現実にはすでに、国内旅行も日本人には「高根の花」になってしまっているようだ。日本経済新聞2024年10月16日「国内旅行も「高根の花」」は、つぎのように伝えている。

観光庁の調査によると、国内の日本人の延べ宿泊者数は、2023年12月から24年8月まで、ほぼ一貫して前年割れになった。

実質所得が増えないなかで、宿泊費が急騰しているからだ。消費者物価指数の「宿泊料」の直近の水準は、20年の水準の2倍近くに上昇した。

食費なども上昇しているので、旅行には慎重にならざるをえない。新幹線や飛行機の利用は控え、遠距離であっても自家用車でという人が増えているそうだ。

3 マナーの悪い外国人旅行者はお断り

外国人旅行者の利用増加で、公共サービスがパンク

オーバーツーリズム問題は深刻だ。

静かな住宅地で夜中まで飲酒して騒ぐ、個人の敷地に無断で入り込む、写真を撮ろうと信号を無視して道路に出る、街を歩く女性にしつこく絡む、等々。これまで無名だった場所が、SNSで紹介されたことから突如として世界的に有名な観光地になってしまい、住民の日常生活が乱されて、厳しい対策を取らざるを得なくなった例もある。

こうした被害を受けている方々は、まったくお気の毒だ。

以下では、オーバーツーリズム問題のうち、外国人旅行客による公共サービスや施設の過剰利用、不適切利用という問題を取り上げたい。

京都など外国人旅行客が集中する観光地では、道路は混んで、地元の人はバスにもタ

クシーにも乗れず、通勤や買い物などの移動に支障をきたしているという。

ゴミの不法投棄（ポイ捨て）も増えるので、処理が大変だ。地方自治体のゴミ処理費用も増える。

これまで地域住民の利用を想定して作られていた公共サービスが、外国人旅行者の利用増加によってパンクしているのだ。

トイレの不適切利用に、コンビニエンスストアが悲鳴

観光地のトイレの問題も深刻だ。JR鎌倉駅近くのコンビニエンスストアでは、トイレ待ちの行列が店外まで伸び、買い物客の入店を妨げることもあるという（朝日新聞「コンビニはトイレを貸すべき？　観光地・鎌倉でマナー違反続き利用制限」2024年7月18日）。

利用者が増えているだけでなく、マナーも極めて悪い。使い捨てカイロやカップ酒のプラスチック製のふたがトイレに流されることも度々という。

便器が詰まるたびに修理を余儀なくされ、清掃に追われて、店員が他の業務に手が回らなくなった。水道代が月約10万円にのぼったこともあったという。

「銭洗弁財天《ぜにあらいべんざいてん》」のトイレでは「アイスキャンディーやだんごのスティックをトイレに流すと故障の原因になります」と、日本語だけではなく、韓国語や中国語も併記して注意を呼びかけている、という。

円安のため、質の悪い旅行者が増えた

外国人旅行者数は、2013年から急激に増加しているが、2024年になってからの急激な円安で、それが加速した。1ドル＝160円近くになって、外国人の目から見れば、日本への旅行は極めて安くなってしまったのだ。

現在の日本には、外国人観光客が過剰だ。数が多すぎるだけでなく、費用が安くなったために、質の悪い旅行者が増えている。右に述べたような問題を起こしているのは、質の悪い旅行者だ。

24年の初めから、為替レートは急激に円安になった。これによって外国人旅行客数が増えたのだ。ただし、コロナ以前の1ドル＝110円程度の為替レートでも、外国人観光客は多く、オーバーツーリズムが問題となっていた。

したがって、今後仮に本格的な円高への転換が進むとしても、それだけで問題が解決できるとは思えない。オーバーツーリズム、なかんずく外国人旅行客による日本の公共インフラの使用問題について、抜本的な対策を講じることが必要だ。

公共施設の利用に対して、観光税を導入せよ

公衆トイレなどの公共的な施設の設置と維持には、コストがかかる。その負担は、日本人が負っている。そして、外国人旅行客は、負担なしでそれらの施設を使っている。

地域住民の税金でまかなわれている社会基盤が、外国人観光客によって過剰に利用されているのだ。いわば、「ただ乗りの利用」を認めていることになる。

その反面で、サービス供給の費用を負担している日本人が使えなくなる。こうした費用を、民間の営業主体であるコンビニが負担するのは、さらにおかしい。

だから特別な税を作って外国人旅行客に課税し、それを公共施設の設置と維持のための財源とすることが必要だ。トイレの場合について言えば、コンビニが対応するのでは

なく、公衆トイレを増設するのだ。

オーバーツーリズムの問題に悩んでいるのは、日本だけではない。そして、それへの対策として、世界のいくつかの都市や地域で、「観光税」が導入、あるいは検討されている。これは、宿泊料金や航空運賃に上乗せする形で徴収される。

現在、世界の約60カ国や地域で観光税が導入されている。ベネチアの入島税やバルセロナの観光税はよく知られている。

日本では、2019年以降、日本から出国する旅客から、出国1回につき1000円を「国際観光旅客税（出国税）」として徴収している。航空会社がチケット代金に上乗せして、国に納付する。国税庁の説明によれば、これは、「観光先進国実現に向けた観光基盤の拡充・強化を図るための恒久的な財源を確保するため」のものだ。沖縄県は、2026年度をめどに観光税を導入する考えを示している。

日本でも、主要な大都市では「宿泊税」を導入している。京都市は、2026年をめどに宿泊税を引き上げる方針だ。

これらとは別に、以上で述べたような対策の費用に充てるための財源として、「観光税」を創設することが考えられる。それは、単に、公共サービスの対価というだけのものではない。来日することのコストを高め、質の低い旅行者をカットするという意味もある。つまり、これによって質の高い旅行者を選別するのだ。

なお、大阪府の吉村洋文知事は、24年の3月6日、外国人観光客に対して、「宿泊税」以外に、観光資源の保護などを目的に負担してもらう「徴収金」の導入の可否を検討する意向を表明した。

安売りで旅行者数を増やす政策は誤り

私は、外国人旅行者が日本に来ること自体は望ましいことだと思う。問題は、政府の政策が、安売りによって数を増やすだけのものになってしまっていることだ。

日本政府は、これまでも、外国人旅行者の総数を増やすことを政策目標としてきた。いまは、2030年までに6000万人とすることを目標にしている。しかし、現在の観光公害の状況を見れば、6000万人を受け入れることは、到底不可能だ。「訪日外国人旅行者が多ければよい」という基本的発想を根本から考え直す必要がある。

「私有地に無断で入ったり、写真を撮るために交通規則を無視したり、通行する女性に付きまとったり、深夜まで騒いだりする観光客はお断り」ということを、はっきりと宣言すべきだ。

そして、質の高い観光客を求めるべきだ。それこそが観光立国ということの内容であるべきだ。

観光税は、すでに述べたように、公共施設の利用料という意味もあるのだが、それだけではなく、旅行者の質を高めるためにも必要な施策だ。

4 円安で、日本人が留学できない

「円安が怖い」

2024年の夏頃、円安のために留学が困難になっているという報道が相次いだ。「円安が怖い」とか、「留学が怖い」という声があがった。

日本から海外への留学生は、諸外国と比べてもともと少ないのだが、それがさらに少なくなってしまう危険がある。そして、留学できるのは、ごく一部の裕福な家庭に生まれた人だけの特権になってしまう危険がある。

海外で学びたいと希望する日本の若者は、世界中から見放されたような気がするだろう。いや、気がするのではなく、実際にそうなってしまったのだ。

円安はさまざまな面で日本社会に深刻な影響を与えているが、留学費用に対する影響は、最も深刻な問題の一つだ。

1960年代の貧乏留学生の思い出

私が最初にアメリカに留学したのは、1968年。固定為替レートの時代で、1ドルが360円だった。

「歴史的な円安といっても、2024年に1ドル＝160円になるかどうかだったから、60年代よりはまだまだ円高だ」という人がいるかもしれない。しかし、円の購買力で考えれば、その当時と大きな違いはない（第5章の3参照）。

では、60年代における日本からアメリカへの留学生は、どんな生活をしていたか？

その当時勤務していた大蔵省での私の初任給は、月1万8000円程度だった。その後増えて、留学した時点では、月2万3000円程度になっていた。

ところが、留学先であるカリフォルニア大学ロサンジェルス校の周辺で、最も安いアパートの賃料が、月額100ドルだった。円に換算すれば3万6000円で、月給の1・56倍。

Studioというワンルームで、かなり広かったし、シャワーがあった。台所は隣部屋と共同利用だが、熱湯が出た。シャワーさえあれば台所で湯が出なくてもいいと思ったのだが（その頃の日本では、湯が出ない家庭が普通だった）、そのようなアパートはなかった。そして冷暖房完備（日本では、一般の住宅に冷房は普及していなかった）。

これ以下のグレードのアパートは存在しないのだ。カリフォルニア大学の周辺はウエストウッドという高級住宅地で、アメリカでも最も家賃が高い地域の一つなのだが、それにしても高い。

学費は奨学金でカバーできたが、食費などの生活費がかかる。日本では、初めて買った車を通勤に使っていたが、アメリカではとても買えない。ロサンジェルスに住んで車を持っていないとは、通学以外には、バスを乗り継いで大変な苦労をしないと、どこにも行けないことを意味する。

ダウンタウンの商店には、眼もくらむような豪華な商品が並んでいた。

いまは1960年代とあまり変わらない状態

いま、アメリカのアパートの家賃はどのくらいだろうか？　ウエストウッド地区のStudio で検索してみると、月2000ドル程度だ。当時の20倍になっている。1ドル＝155円で換算すると、31万円だ。

一方、日本の公務員の給与は、当時の10倍程度だ。だから、円でいうと、ウエストウッドの家賃は、給与の約1・35倍だ。

前項で述べた私の体験よりは若干改善されてはいるものの、大差はない。つまり、いまアメリカに留学すると、60年代に私が経験したようなみじめな生活を強いられることになる。

これを「購買力」という概念で述べれば、つぎのとおりだ。

アメリカの物価・家賃が、当時と比べて20倍、日本の賃金が10倍になった。だから、購買力を当時と同じに保つには、1ドル＝180円になればよい。実際には160円程度だから、現在の円の購買力は、1960年代末に比べて、1割程度は高い。

ただ、「1割程度しか高くなっていない」というほうが正確だ。また、ここでは家賃と公務員の給与という2つの価格だけを比較したのだが、もっと広汎な価格データを用いれば、結果は違ってくるだろう。

日本の留学生数は2004年をピークに、その後は減少

日本人の海外留学生（主として、長期留学生）数は、1980年代には1万人台だった。1990年代に急増し、2004年に8万人を突破して、最高になった。

しかし、その後、日本経済の衰退とともに減少し、2009年頃からは、5万～6万人程度と、2004年頃の63～75％程度の水準にまで減少している（文部科学省「外国人留学生在籍状況調査」及び「日本人の海外留学者数」等について。2024年5月）。

これは、20歳台の人口が減ったためでもある。(注)ただ、それだけでは説明できない。

そして、コロナ禍で4万人台に減少した。2021年には4万1612人で、最も多かった時代の約半分になっている。円安が進むと、減少傾向に拍車がかかるだろう。

韓国の留学生数は、日本の3・7倍

留学問題についてのアメリカの調査・研究機関であるInstitute of International Educationが公表するOpen Doorsという資料に、アメリカへの留学生数の国別の数字がある。

気になるのは、日本と韓国の比較だ。2022年の数字を見ると、日本が1万3447人に対して、韓国は4万9755人と、3・7倍だ。人口一人当たりで見れば、差はもっと大きくなる。

韓国の国内には質の高い大学がないから留学するのか？　まったく逆だ。

（注）2020年の人口ピラミッドを見ると、40歳台後半では1歳当たり人口（男女計）が197万人程度であるのに対して、20歳台後半では128万人程度と、6割5分程度に減少している。本文で述べたように、2004年頃からコロナ直前までの期間の留学生数の減少率は、これよりかなり大きい。

世界の大学ランキングがいくつか作られているが、上位100位までに入る大学数は、日本より韓国のほうが多い。

日本人の学生の多くは、大学を卒業してからは勉強しようとしないから、こうしたことになる。

韓国の目覚ましい経済発展の背後に、人的能力の向上があることは間違いない。それが、このような差に表れている。

企業が専門知識を評価するかどうかが基本的問題

留学すれば、国際感覚が身につくと言われる。しかし、結果としてそうなるのであって、国際感覚を身につけるのが留学の目的ではない。国際感覚は留学以外の方法によって、いくらでも身につけることができる。

だから、海外生活の体験をしたいとか、外国語の勉強のために留学するのは、時間の無駄だ。

多額の費用と時間を使って留学するのだから、本格的に勉強すべきだ。言うまでもないことだが、留学の目的は、専門分野の知識を学ぶことだ。できれば、大学院に留学する。そして、学位の取得を目指すべきだ。修士号は1年間で取れる。だから、日本で取得するより、時間を節約できる。

しかし、これに関して最も大きな問題は、本格的に勉強して学位をとっても、日本の企業は、それを評価してくれないことだ。給与面で同年齢の人たちと差がつくわけでもない。だから、体験留学が多くなって、本格的な留学にならない。

円安になったいまこそ、留学に関するこうした本質的問題を考え直すべきだ。

5　新NISAは資金流出をもたらし、日本を弱体化させる

新NISAを通じた海外投資の急増

新NISAへの資金流入が急増し、家計資産の海外シフトが起きた。

日本証券業協会によると、証券10社の2024年1～5月のNISA口座の新規開設数は224万件と、前年同期の2・6倍だった。

このかなりが、海外に流出している。1月以降、投資信託委託会社等による対外証券投資は、旧NISA時代の平均を大きく上回った。日興リサーチセンターの調査では、1〜5月の海外株式型投信への純流入額は、5兆4284億円と、前年同期の約5倍だった（日本経済新聞、2024年6月28日）。

家計資産の海外シフト

財務省「対外及び対内証券売買契約等の状況」によると、2024年1〜6月の国内の投信運用会社や資産運用会社による海外株・ファンドの買越額合計は、同期間として過去最高の6兆1639億円だった。これは同期間の貿易赤字額（4兆円前後）を上回る。また、銀行の買い越し（2207億円）を大きく上回る。

日銀の2024年1〜3月期の「資金循環統計」によると、家計金融資産のうち、投資信託の残高は24年3月末時点で前年同月比31・5％増の119兆円と、過去最高だった。家計金融資産のうちの「外貨性資産」（外貨預金、対外証券投資、外貨建て投資信託）の比率は、24年3月末時点で4・2％と、過去最高になった。

このように海外投資が増えた原因は、アメリカの株価上昇が著しいからだろう。そして新ＮＩＳＡが大々的に喧伝されたため、若年層を中心として、多くの人々が投資に関心を持ったからだ。また、円安の影響も大きい。

金融資産所得が優遇される本当の理由

金融資産からの収益については、総合課税でなく分離課税を選択することが可能だ。これによって、税負担は大きく軽減される（とくに高額所得者の場合）。ＮＩＳＡなどの少額投資非課税制度は、一定の限度で、税負担をまったくゼロとする。

分離課税選択制も少額投資非課税制度も、日本独自の制度ではなく、諸外国にも広く存在する。実際、日本のＮＩＳＡは、イギリスの少額投資非課税制度（ＩＳＡ）をモデルに作られたものだ。

こうした措置が必要なのは、総合課税をすると税負担が重くなるので、資金が海外に逃げてしまうからだと言われる。それを防ぐために、他の所得よりは税負担を軽減する必要があるというのだ。

しかし、本当にそうした効果があるかどうかは疑問だ。実際、日本の場合には、すでに見たように、新NISAが資本流出を引き起こした。

金融資産所得の税負担軽減措置がとられている本当の理由は、政治的圧力であると考えられる。そして、少額投資非課税制度は、人気取り政策としての性格が強い。

これらの措置が資産の海外流出をもたらさないために最低限必要な条件は、国内に魅力的な投資先が存在することだ。

しかし、海外投資の収益率が高ければ、標榜《ひょうぼう》されている効果とは逆に、資金流出を増大させる結果になってしまう。日本の場合がまさにそれだ。

「貯蓄から投資へ」が日本経済を弱める

新NISAは、岸田政権が、「貯蓄から投資へ」というスローガンの下で導入したものだ。

しかし、「貯蓄から投資へ」とは奇妙なスローガンだ。銀行預金であれ株式投資であれ、家計の観点から言えば貯蓄だ。そして、銀行預金であれ株式投資であれ、最終的には投資に回されるからだ。

これを標榜する人たちが主張しているのは、リスクと期待収益率の関係を、現在の安全重視的なものから、リスクが高いものに変えたほうがよいということだ。

しかし、リスクと期待収益率のどのような組み合わせが望ましいかは、資産保有者の個々の事情によって異なる。しかも、受け皿となるべき高リターンの投資先が日本にないので、家計資産の海外流出をもたらしてしまった。

その結果、日本企業が生産性を高めるために必要な資源が減少する。そして、国内投資先の収益率はますます低下する。

「貯蓄から投資へ」という政策がまったく間違ったものであることが、あらためて明らかになった。

政府の政策として必要なのは、技術革新や人的能力の向上を助けることによって、国内での経済活動を活性化させ、国内投資の収益率を高めることだ。これは、金融資産所得の税負担軽減によって実現できるものではない。

新ＮＩＳＡには、以上のような問題がある。ただし、これによる海外への資金流出が円安のためかといえば、そうではないと考えられる。この問題は、第3章の1で検討することとする。

6 円安になると、企業の利益が自動的に増加する

「円安は日本の輸出を増やすから望ましい」という意見は正しいか?

円安には、以上で見たような弊害がある。それにもかかわらず、円安は日本経済にとって望ましいという意見がある。というより、政治の世界では、イデオロギーの違いによらず、円安が望ましいとされ、円安を追求する政策がとられてきた(民主党政権も、当時の円高を望ましくないものと考え、円安への為替介入を行なった)。

そうした政策を正当化するために円安のメリットとして挙げられるのは、日本の輸出量が増えることだ。

その考えによれば、円安になったときに円建ての輸出価格を変えなければ、ドル建ての価格が下がる。したがって、海外での販売量が増える。つまり、輸出量が増える。こ

れによって日本国内での生産活動が増えるから、望ましいというのだ。

では、本当にこのようなメカニズムが働くのだろうか？

円安を阻止するか、それとも円安が望ましいとするかは、極めて重大な判断の違いだ。正しい判断のためには、なぜ円安が望ましくないのかをはっきりさせる必要がある。以下では、この問題を検討する。

円安になっても、ドルベースの輸出価格は低下しなかった

前項で見た意見によれば、円安が進行したとき、円ベースでの輸出価格はあまり変わらず、他方で、ドルベースでの輸出価格は低下するはずだ。2022年から極めて顕著な円安が進んだのだが、その過程で実際にこのようなことが起きたのだろうか？

以下で見るように、実際に起きたのは、それとは正反対のことだった。つまり、ドルベースでの輸出価格は、円安によって大きく低下することはなかった。そして、円ベースでの輸出価格が大きく上昇したのである。

以上のことを確かめるため、日本銀行が作成する輸出物価指数によって、契約通貨ベ

ースと円ベースの輸出価格の推移を見てみよう。なお、契約通貨の大部分はドルであろうから、本稿では、契約通貨ベースをドルベースと同一視することにする。

図表2－2に示すように、2020年頃までは、両者はほぼ同一の動きを示していた。これは、世界的な貿易価格に大きな変化がなく、また、為替レートがほぼ1ドル＝105円から110円程度で安定していたからだ。

ところが、2021年から、ドルベースでも円ベースでも、輸出価格が急上昇した。とりわけ、後者の上昇が顕著だった。これは、世界的なインフレと円安によるものだ。

しかし、2023年になると、ドルベースでの輸出価格の上昇はおさまった。ところが、円ベースでの輸出価格は、いったん低下したあと、2023年以降も上昇を続けた。

2023年以降の動きは、つぎのように考えれば理解できる。輸出先での日本の輸出品の価格は、世界的なインフレ沈静化を反映して、2023年以降はほぼ一定となり、あまり上昇しなかった。ところが、2022年から後の時点でもさらに円安が進んだので、円ベースでの輸出価格は上昇した。2024年と2021年の比率は、為替レート

図表2-2　輸出物価指数の推移

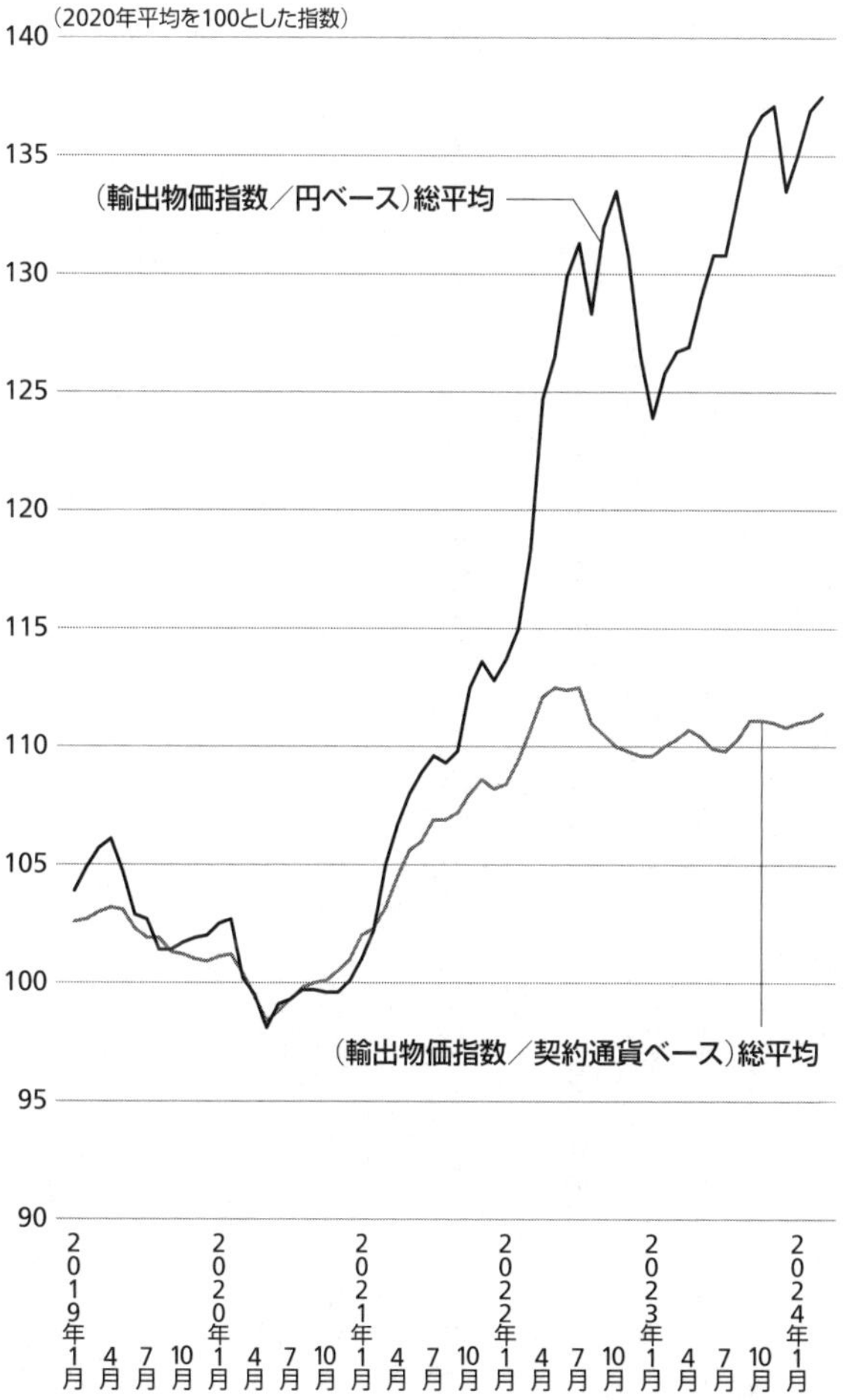

日本銀行の資料より著者作成

の減価率とほぼ同じである。

輸出数量も変化せず

前項で述べたように、円レートの変動は、現地での価格や販売量には影響を与えていないと考えられる。輸出先での販売が、その地での諸条件に影響されるのは、自然なことだ。日本の為替レートが変動したからといって、現地での状況に大きな変化が生じると考えるのは、不自然なことだろう。

だから円安は、輸出先国で日本の輸出品を価格面で格別有利にするわけではない。したがって輸出数量も、円安によって増えることはないはずだ。

このことは、ジェトロが作成するドル建て貿易概況で確かめることができる。

2022年から後の時点でもさらに円安が進んだが、この間に、日本のドルベースでの輸出額は増えていないのだ。むしろ、対世界輸出の前年同期比は、2023年1〜12月でマイナス1・79％と減少した(注)。

ドルベースでの輸出総額が変わらず、ドル建ての輸出価格も変わらないのであれば、輸出数量は増えていないはずだ。

つまり、本節の最初に言及した「円安のメリット」と言われるものは、実際には生じなかったのである。

そして、このことは、日本国内での鉱工業生産指数が、この数年間ほとんど変わらないという事実によっても確認できる。つまり、円安になっても、日本国内の生産活動が増えることはなかったのだ。だから、日本国内で雇用が増えるという効果も生じなかった。

企業は、原材料価格の上昇分を消費者に転嫁する

輸入価格についてはどうか？　これを日銀の物価指数で見ると、つぎのとおりだ。

2021年以降、ドルベースでも円ベースでも、それまでより上昇した。これは、原

(注）ただし、輸送用機械だけが例外で、15・5％と、プラスの増加率だった。うち自動車は、23％の増。なお、日本自動車工業会の発表による輸出台数は16・0％増（2年ぶりの増加)。貿易統計での円ベースでの輸出金額は32・7％の増。

油価格上昇に見られたような世界的インフレーションが進行し、かつ円安が進んだからだ。

つまり、企業の立場から見ると、原価も売り上げも増加したことになる。

ところが、原材料価格の上昇は、つぎの段階の企業に転嫁される。そして、最終的には、消費者物価に転嫁される。

輸入物価が上昇すると消費者物価が上昇するのは、これまでの日本でも観測されたことだ。今回の急激な円安によって輸入価格が急上昇し、その結果、国内の消費者物価も著しく上昇した。

結局のところ円安になれば、企業にとってみれば、売り上げ額が増加するという効果だけが残ることになる。したがって、売り上げ－原価で表される粗利益は増える。

粗利益が増える理由は、つぎのとおりだ。企業の売り上げをS、原価をBとする。ここで、Bは原材料費などであり、賃金を含まないとする。企業の粗利益はS－Bだ。

ここで、円安によって売り上げがΔSだけ増えるとする。また、原材料費がΔBだけ増えるとする。ただし、企業は、ΔBをつぎの段階の企業に転嫁する。したがって、売り上げは、S＋ΔS＋ΔBになる。
すると、企業の粗利益は、（S＋ΔS＋ΔB）－（B＋ΔB）＝（S－B）＋ΔSとなる。これはS－Bより大きい。つまり、円安によって企業の粗利益は自動的に増大するのである。

粗利益が増大すれば利益に回す分も増えるから、企業にとっては望ましい。仮に賃金をすえ置けば、企業の利益は非常に大きく増加する。

現実にも、このようなことが起きた。これは今回の円安期に限られたことではなく、これまでにも起きたことだ。

企業の立場から言えば、技術開発に投資したり、新事業でリスクを取ったりすることなしに、利益が自動的に増えるので、望ましい。円安が望ましいと考えられてきた理由は、この点にあった。

ただし、企業の粗利益が増える原因は、原価の増加分が転嫁されることにある。これは結局のところ、消費者にまで転嫁されて、消費者の負担になる。

だから、円安による企業利益の増加は、日本全体の立場から見て、望ましいとは言えない。それにもかかわらず現実の政治で円安が志向されたのは、日本の政治メカニズムの大きなバイアスだと言わざるをえない。

◆第2章のまとめ

1．円安のために、国際的な技能工獲得競争で、日本が敗れる場合が生じている。必要な技能工を外国から獲得できなければ、企業は事業を続けられない。「製造業には円安がよい」という考えを改めるべき時が来た。

2．コロナ禍の水際対策が緩和され、しかも円安が進んだため、外国人観光客が再び急増した。これに伴い、観光公害も増え、ホテル代や外食費も高騰する。円安が今後も続けば、日本人の生活はさらに圧迫されるだろう。

３．円安のために、マナーの悪い外国人旅行者が増え、観光公害が地域住民の生活に無視できぬ影響を与えている。旅行者数の増加だけを求める政策から転換し、質の高い旅行者を求めるべきだ。観光税の導入は、公共サービスの利用に対する費用負担を求め、質の低い旅行者を排除するために必要とされる。

４．日本から海外への留学生数は、２００４年頃から傾向的に減少している。最近の円安の影響で、それがさらに加速されそうだ。韓国の留学生は、日本よりずっと多い。日本における人的資源の劣化は、将来の経済成長を大きく制約するだろう。

５．新ＮＩＳＡと円安によって、資金の海外流出が増えている。それは、経済発展のために国内で使える資金が減少することを意味する。「貯蓄から投資へ」のスローガンで導入された新ＮＩＳＡが、かえって日本経済発展の阻害要因になっている。

６．これまで日本では、円安が望ましいとする意見が強かった。それは、円安が企業利益を増大させるからだ。しかし、円安になっても、日本の輸出数量が増えることはなく、したがって日本国内の生産は増加しない。円安で企業利益が増えるのは、原材料価格の上昇を消費者に転嫁するからだ。だから円安は、日本に何のプラスの効果ももたらさない。

第3章「円安カジノ経済」の分析

1　異常な円安の真の原因は何か?

為替レートを決めるのは金利差

為替レートは、各国間の金利差によって決まると言われる。日米間を例にとれば、その理由はつぎのとおりだ。日本の金利がアメリカの金利より低ければ、日本円で資金調達して、これをドルに変換し、ドル資産に投資すれば、金利差に相当する利益を得られる。この取引は「円キャリー取引」と呼ばれる。これは、円を売りドルを買う取引なので、円安が進む。

ただし、正確に言うと、金利差があり、しかも将来円高にならないという見通しが必要だ。なぜなら、金利差があっても、将来大幅に円高になれば、金利差による利益は吹き飛んでしまうからだ。

日米の10年債利回りを比較すると、2020年から2021年には、日本もアメリカもほぼ0%で、ほとんど差がなかった。ところが、2022年3月から2023年7月までに、FRBが政策金利を引き上げた。その結果、10年債の利回りは、2024年6月には、日本は約1%、アメリカは約4・5%となり、金利差が約3・5%に開いた（為替レートに影響するのは2年債利回りだと言われるが、ここでは便宜上、10年債利回りを取った）。

仮に金利差の拡大だけが円安の原因であるとすれば、日米の金融政策によって為替レートを元の水準に戻すことは可能だ。

つまり、アメリカが金利を引き下げ、日本が金利を引き上げ、金利差を2020年頃の状態に戻せば、為替レートも2020年から2021年の水準（1ドル＝105円から110円程度）に戻るだろう（正確に言うと、この期間の物価上昇率が両国で異なるので、その分を調整する必要がある）。

構造要因は、為替レートに影響するか?

日米金利差によって円安が生じ、そして円安が問題をもたらしているのであれば、「日銀が金利を上げることによってそれに対処する」のは、当然必要とされるように思われる。

しかし、問題はそれほど単純ではない。金利差以外の要因が円安を引き起こしている可能性があるからだ。仮にそうであれば、金利を引き上げたところで、円安を阻止できないだろう。

実際、2022年以降の円安はあまりに異常だった。そこで、金利差だけではなく、日米経済の構造的な変化が影響しているのではないかという考えが提起されるようになった。この考えが正しければ、金融政策だけでは、いまの異常な円安を元に戻すことはできない。

では、金利差以外の要因によって、円安が生じているのか?

異常な円安が金利差のみでは説明できないものであり、日本経済の衰退がその大きな原因になっているという考えも、最近よく聞かれるようになった。

例えば、「デジタル赤字」の問題だ。日本のデジタル化が遅れているために、海外企業のクラウドサービス利用代金等の支払いが増え、これが円安の原因になっているという可能性だ。

あるいは海外で生産している日本企業が、利益を日本に送金しないことも問題だと言われる。また、第2章の5で見た新NISAを通じた海外投資の急増が、円安の原因になっているとの見方もある。

構造要因は、直接には為替レートに影響しない

デジタル赤字の拡大や新NISAを通じた海外投資の急増は、確かに問題だ。

しかし、これが円安の原因だとは考えられない。なぜなら、これらによる赤字額は金融取引額に比べて、比較にならないほど少ないからだ。

投機筋は自己資金の何倍もの短期の借入れを行ない、投資総額を増やして投資する。投機資金は借入れによって調達できるので、額が実需とは比較にならないほど巨額になりうる。

このため、外国為替市場では、貿易などの実需ではなく、投機資金の動きによって為替レートが決まるのである。

BIS（国際決済銀行）の調査によると、世界の外国為替取引高は、1日当たり、平均7兆5000億ドルだ。このうち、日本円は約17％だ。だから1・28兆ドルだ。1ドル＝150円で換算すると、191兆円になる。

これに対してデジタル赤字額は、2023年度に約5・6兆円であった。これは年間の数字であるから、1日の数字に直せば平均して154億円ということになる。これは、右に見た外国為替取引高に比べて、極めて小さい。

新NISAを通じた海外投資についても、同じことが言える。

このように、一般に指摘される構造要因は、円安の直接的な原因とは考えられない。

しかも円安は、2022年以降の2年間で急速に進んだ。それまでは1ドルは105

円から110円程度の水準だったのが、2024年には160円近くになったのだから、円の価値が3割以上下落したことになる。

日本経済の構造的悪化が進んでいるのは事実だが、2年の間に円の価値をこれほど落とすほどの急激な構造変化が起きたとは考えにくい。

将来の見通しを通じて間接的に円安の原因になる

ただし、前項で述べたのは、デジタル赤字や新NISAなどの構造的要因が為替レートに与える影響を無視してよいということではない。その理由を以下に述べよう。

第一に注意すべきは、円キャリー取引が生じるには、日米間で金利差があるだけでは十分ではなく、将来円高にならないという見通しが必要なことだ。仮に将来、円高になれば、金利差による利益は帳消しになる可能性がある。

ところが、新NISAを通じての投資は、若年世代が老後に備える長期投資である場合が多い。したがって、それが取り崩されるのは、数十年後の将来のことになる。つまり、通常の投資と違って、反対売買が起こりにくい。

したがって、通常の資本流出の場合よりも、近い将来に円高になる可能性は低いと判断できる。こうして、新NISAによる海外投資の増加は、日本家計の海外投資シフトが将来も続くという見通しを通じて、円キャリー取引を増加させ、間接的に円安の原因になっている可能性がある。

貿易赤字やデジタル赤字についても、同じことが言える。これらも反対売買がない。そして、貿易赤字やデジタル赤字が続けば、円高にならない確率が高まる。このように、間接的なルートを経て、円レートに影響を与えると考えられる。

アメリカでは金利を上げられるが、日本では上げられない

前項で述べたのとは別の観点から、日本経済の構造を問題視することができる。それは、金融政策に関して強い圧力がかかっているため、金融政策の自由度が低くなっていることだ。

仮にいまの日本で、金利をアメリカ並みの水準に引き上げれば、大混乱が起きるだろう。住宅ローン金利が高騰したり、ゾンビ企業が借入金を返済できなくなって破綻した

りするかもしれない。また国債を発行して財政資金を調達するのも困難になる。

最も大きなものは、株価への影響だ。株価は、将来の利益の割引現在値だ。そして、将来の利益を現在値で評価するための割引率は、利子率が上昇すれば上昇する。したがって、利子率が上昇すれば、株価は下落する。

ではアメリカで、株価は利上げに対して、どのように変化したか？　株価をダウ平均値で見ると、つぎのとおりだ。

上昇を続けていたダウ平均株価は、２０２１年末にピークになり、22年までは低下した。しかし、暴落というほどの下落ではなかった。そして、22年10月初めをボトムとして、その後は上昇基調になり、23年10月からは明確に上昇した。

22年10月には、10年債利回りもピークになり、その後はほぼ一定。そして、２０２４年になってから、再び上昇した。

利子率の変動に応じて株価は変動したのだが、24年以降の株価は22年のピーク時よりも高くなっている。

このように、アメリカの株価は利上げの影響を受けたが、暴落というような事態にはならず、総じて堅調に推移した。つまり、アメリカの株価は、金利の大幅な上昇に対して大暴落には至らない耐性を持っていたと考えることができる。経済が強いために、大幅な金利引き上げが可能なのだ。

しかし、いま日本で長期金利を4％にするような金融引き締めを行なえば、株価は大暴落するだろう。だから、そのような利上げを、為替レートを円高にするために行なうことは難しい。このような意味で、経済の弱さが金融政策の自由度を引き下げているということができる。

日本では中央銀行の政策に対する制約が強い

利上げを行なったのは、FRBだけではない。第1章の2で見たように、イングランド銀行も利上げを行なった。ECB（欧州中央銀行）もそうだ。

この結果、ポンドやユーロは、2022年にはドルに対して減価したが、その後、2020年頃の水準に戻った。円が2022年頃から大幅に減価したままであるのとは、大きな違いだ。

また、イングランド銀行は、2022年に当時のトラス内閣が財源の裏づけのない減税案を提案してポンドが急落したとき、国債の買い支えをごく限定的にしか行なわなかった。このため、トラス内閣は減税案の撤回に追い込まれ、その後、トラス首相が辞任した。このように、内閣を潰《つぶ》してでも、ポンドの価値を維持しようとしたのだ。

つまり、これらの国々では、インフレ退治や通貨価値維持のために、政治的には人気のない金融引き締めを行なうことができた。

しかし、日本で同じような引き締めを行なおうとしても、経済がそれに耐えられないため、実行できない。このような違いこそが、構造上の最も大きな違いであり、そして、異常な円安をもたらした真の原因であると考えることができる。「はじめに」で述べたように、これが「日銀の限界」の第二の意味である。

2「カジノ経済」のメカニズムを分析する

円キャリー取引は、巨額の利益をもたらす

この数年間の急速な円安を引き起こした円キャリー取引は、海外のヘッジファンドなどが行なったとされる。

日米金利差を2年国債利回りで評価すれば、年率で4・5％程度になる。この金利差は、日本国内における銀行の利ざやと比べると、非常に大きい。

三菱ＵＦＪ銀行の2023年度決算説明資料によると、銀行単体での利ざやは0・75％だった。これと比べると、日米間金利差が4・5％というのは、6倍もの大きさだ。

メガバンク平均で見ても同様だ。預金と貸出金の利回り差は、20年3月期以来4年ぶりの高水準になったとはいうものの、0・78％だった。

異質の世界が世の中を引っ張った

前項で挙げた数字を見ると、日本の銀行は極めて効率の悪い資金運用をしているよう

に思える。しかしそれは、リスクを取らないために必要なことなのだ。これを「まともな世界」と考えると、円キャリーが生み出したのは、それとは異質の世界だった。

それが、ここ数年の日本経済を引っ張ったのだ。

では円キャリー取引は、どの程度の規模だったのか？　これについてはさまざまな推計があり、その額には大きな差があるのだが、一つの目安になるのは、「緩和への慢心、市場揺らす」（日本経済新聞、２０２４年８月14日）という記事の中で、著者のジリアン・テットが、つぎのように述べていることだ。

「ＢＩＳは、国境を越えた円建ての借入れが21年の終盤以降に７４２０億ドル（約１０９兆円）増加したと報告している。また、スイスの大手銀行ＵＢＳは、今年、５０００億ドル前後のキャリートレード累積投資残高があったと推計している」

約１０９兆円という残高は、極めて巨額だ。前述した三菱ＵＦＪ銀行の２０２３年度決算説明資料によると、銀行単体での預金平均残高は１８９兆円だ。１０９兆円は、この半分以上になる。

これが仮に金利差４・５％程度で運用されたとすれば、1年間で5兆円を超える利益をもたらしたことになるだろう。

「1ドル＝153円より円高にならない」ことに賭けたカジノ経済

円キャリー取引は、一見すると、契約時に確定してしまう金利差という条件で利益が決まる、リスクのない取引（こうしたものを「裁定《さいてい》取引」という）のように思える。

しかし、実はそうではなく、契約終了時の為替レートという不確実な条件に依存した、極めてリスクの高い取引なのである。

この取引が利益を生むためには、将来の為替レートが一定値以上に円高にならないことが必要だ。以上は、これまで何度も述べたことだが、ここで改めて数字の例で説明しよう。

2024年7月初め頃、為替レートが1ドル＝約160円であった頃を考えよう。日本円で160万円を借りて1万ドルに変換し、それをアメリカの資産に投資したとしよう。

この利回りが4・5％だったとすると、1万ドル投資すれば、1年後に1万450ドルになる。他方、1年後の為替レートが1ドル＝e円であるとしよう。すると、これを円にすれば、10450e円になる。

単純化のため、日本円での借入れ金利をゼロとすれば、これが借入額160万円を上回る条件（円キャリーが利益をもたらす条件）は、10450e＞1600万、つまり、e＞153だ。

つまり、この取引は、「1年後の為替レートが1ドル＝153円より円高にならない」ことに賭けた投機なのである。

「1ドル＝153円より円高にならない」というのは、ずいぶん強気な投機だ。

現実の為替レートがこれより円高になってしまった状態で、この取引を25年の7月まで持ち続けていれば、損失を被る危険性が高い。だから、いまのうちに取引を手じまってしまおうということになる。

これを「円キャリーの巻き戻し」という。円キャリーが巻き戻されると、ドルが売られ円が買われるので、為替レートは円高になる。そして、それがさらに円キャリーの巻き戻しを呼び、さらに円高を招く。

実際の円キャリー取引の巻き戻しの実態についても、さまざまな推計があり、はっきりしたことは分からないのだが、かなりの巻き戻しが起きたことは間違いないようだ。

リスク感覚が麻痺したミセス・ワタナベ

前項で述べた条件は、より一般化できる。結論だけを述べると、日米金利差を4・5％とすれば、取引を始めたときの為替レートが1ドル＝g円であれば、「1年後の為替レートが1ドル＝0・956gより円高にならない」ことが、円キャリーが利益をもたらす条件である。

しかし、為替レートが5％程度変化するのは、大いにありうることだ。そして、プロの集団であるヘッジファンドは、当然それを意識している。

ところが、一般の人々が行なう取引では、この条件が正しく意識されているとはいえない。そして、一般の個人であっても、円キャリー取引と同じことが簡単にできるのである。それはFX取引（外国為替証拠金取引）において、スワップ取引を行なうことだ。

これは、円を売ってドルを買う取引だ。そして金利差に相当する額をスワップポイントとして受け取る。

この場合も、利益が出るためには先に述べた条件が必要だ。ところが実際には、こうしたことが十分に意識されていない可能性がある。

実際、「スワップ取引によって生活費が稼げる」などと言われたこともある。しかし、前記の条件が満たされなければ、取引を終了するときに巨額の評価減が発生し、それまでのスワップポイントは一切帳消しになってしまう危険があるのだ。

今回の円安過程において、こうした取引が実際に行なわれたかどうかは明らかでないのだが、2007年頃の円安進行時においては、個人によるスワップ取引が盛んに行なわれた。これは「ミセス・ワタナベ」として世界的に有名になったものだ。

カジノ経済とは、プロだけではなく、リスク感覚が麻痺してしまった一般人をも巻き込んで、進行していく。

そして円安が進むと、企業利益が増大するので、株価が上昇する。

ところが、円キャリーに支えられた為替レートは、非常にボラティリティ（価格変動率の大きさ）の高いものであり、そして株価は円安によって支えられたものだったので、やはりボラティリティの高いものだった。

問題は、このことを認識せずに株式投資を始めた人が多かったのではないかと考えられることだ。そのリスクが、24年7月末から8月初めにかけての株価暴落で顕在化したのだ。

3 なぜ、危機的な円安に対処できなかったのか?

この数年間の急激な円安で、日本人が貧しくなった

日本円は、この数年間で急激に価値が低下した。2021年秋頃までは1ドル＝105〜110円の間で推移していたのだが、2022年3月頃から急速に減価し、2022年10月には150円に近づいた。その後円高になったが、再び円安になった。

これが日本に深刻な問題をもたらしたことは間違いない。輸入物価の高騰により、国内物価が高騰した。日本人の購買力が著しく減少し、海外の高価なものを買えなくなった。そして、第2章で見たように、外国からの労働者が日本に来ない、日本人が留学で

きない、などの問題が発生した。日本は急速に貧しくなったのだ。

一体なぜ、このようなことが起きたのか？　その原因は何か？　ここから抜け出すにはどうすればよいのか？

日本の自然利子率は、低成長のため低下した

日本が金利を上げれば問題が解決するということには直《ただ》ちにならない理由として、本章の1で述べたように、「金利を引き上げると、さまざまな問題が発生する」ということがある。

この問題を考えるためには、「自然利子率」という概念が手がかりになる。「自然利子率」とは、経済の構造によって決まる利子率である。実際の利子率を金融政策によってこれより低くすれば景気刺激的になり、高くすれば景気抑制的になる（自然利子率の名目値は、「中立金利」と呼ばれる）。

自然利子率は理論上の概念であって、実際にデータとして観測することはできない。ただし、推計はできる。一定の条件のもとで、自然利子率は経済の実質潜在成長率に

等しいことが、1960年代にエドムンド・フェルプスの経済成長理論によって証明されているからだ。

この理論はつぎのように考えれば、直感的に了解できるだろう。

物価上昇率がゼロであるような世界を考える。そして、1単位の投資をすれば、1年後に1・1単位が回収できるとする。つまり、1年間の収益率が10％だとする（これが自然利子率だ）。

この場合、もし金利が10％より低ければ、借入れ資金で投資することによって利益を得られる。逆に、金利が10％より高ければ、投資は利益をもたらさないので、投資が抑制される。

日本の自然利子率は、1990年代以降、低下したと考えられる。アメリカが高成長を続けるのに対して、日本が低成長に陥っていることが、それを示している。日本の経済構造が劣化したために、生産性が低下し、潜在成長率が低下したのだ。

したがって、自然利子率の段階において、日米間で差が開いている。この差は、金融政策ではコントロールできないものだ。

そのため、日本の金利(利子率)はアメリカの金利(利子率)より低くなり、したがって円が安くなるというメカニズムが働くことになる。

もし、長期金利を無理矢理アメリカと同じ水準にまで引き上げるとしたら、投資はほとんど行なわれなくなり、財政資金も調達できなくなる。日本経済は大混乱に陥るだろう。日本では収益性が低い投資しかできないのだ。

そうではあっても、2022年12月までは、現実の金利は抑制しすぎであった。このため、債券発行市場が歪み、海外のヘッジファンドからの投機取引が急増した。

したがって、この時点までは、金利をコントロールせず、長期金利を市場実勢に委ねることが、金利の観点からも、為替レートの観点からも、望ましいことだった。

金融緩和政策が企業の生産性を低下させた

なぜ日本の生産性が低下し、自然利子率が低下したのだろうか? その原因としてはさまざまなことが考えられる。1980年代からの世界的経済構造の大きな変化に対して、日本経済が適切に対応できなかったということもある。

それだけでなく、金融緩和政策の影響も無視できない。つまり、金融緩和政策が日本企業をぬるま湯につけてしまったために、企業が生産性を引き上げる努力をせず、その結果、生産性の高い投資ができなくなった可能性がある。

これは、金融緩和政策が長期的な経済成長の阻害要因になったことを示すものだ。

アメリカでは、ITやAIなどの分野でさまざまな技術革新が行なわれる。だから、潜在成長率が高くなり、自然利子率も高くなる。したがって、金利を上げることができ、その結果、ドル高になる。他方、日本経済は生産性が低いので、自然利子率も低くなり、したがって、金利を上げることができず、その結果、円安になる。このため、消費者がますます貧しくなる。

このようなプロセスが行き着く先は、キャピタルフライトだ。日本から資金が逃避するため、国内での資金調達が難しくなり、金利が高騰する。金利が高騰しても、円高になるのでなく、円安が進む。

日本はまだその段階に至っていないが、いつまでもそれを免れられるという保証はない。キャピタルフライトに陥らないための方策を真剣に考える必要がある。

なお、自然利子率、中立金利については、第10章の1で再論する。

4 株高を支えてきたのは「異常な円安」

円安で上がった日本の株価

第1章で見たように、2024年7月末から8月初めにかけて、日本の株価が暴落した。今後の手がかりをつかむために必要なのは、それまでの株価上昇がいかなる原因で生じたかを解き明かすことだ。そして、そのメカニズムにどのような変化が起きたかを知ることだ。

2020年以降の日本の株価は、新型コロナ感染の広がりと終息、そして、為替レートによって大きく変動してきた。

この間の日経平均の推移を見ると、つぎのとおりだ。

コロナ前の2019年には、2万～2・3万円程度で推移していたが、コロナ禍で1・7万～1・8万円程度に下落した。その後回復し、21～22年には2・5万～2・7

図表3-1　製造業における大企業の経常利益（対前年同期比、%）

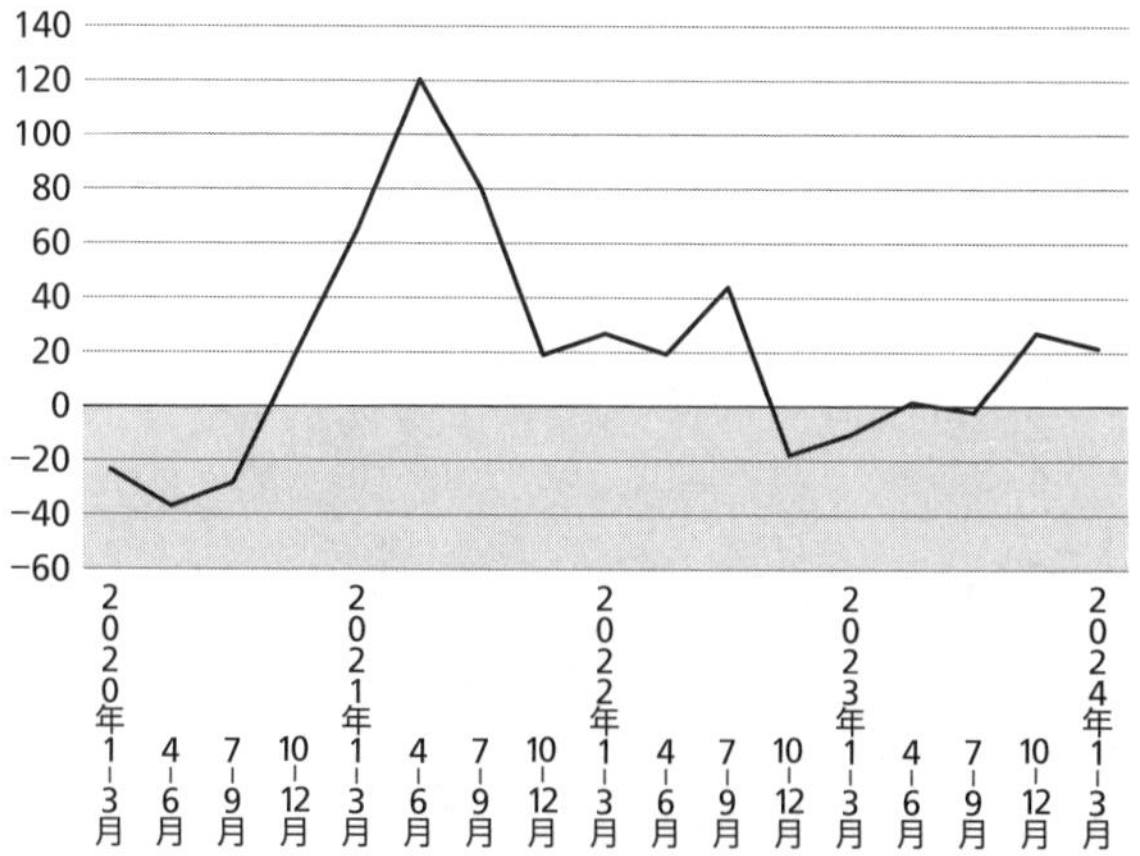

法人企業統計調査のデータより著者作成

万円程度になった。そして、23年から値上がりが顕著になった。

円安で企業利益増

企業の利益はどうか？　製造業における大企業（資本金10億円以上の企業）の経常利益の推移を見ると、つぎのとおりだ。

経常利益はコロナ禍で落ち込み、その後回復した。２０２１年中には、ほぼコロナ前の水準を取り戻した。図表３－１に示すように、21年の対前年同期比が極めて高い値になっているのは、このためだ。

ところが、22年にも、各期の対前年同期比が20％を超えるという高い伸びが7〜9月まで続いた。これは、円安が進んだためと考えられる。

実際、22年の初めに1ドル＝115円程度であったドル円レートは、22年10月には150円近くになった。

ただし、円安↓企業利益増↓株価上昇という過程は、一直線に進んだわけではない。企業利益は、22年10月期に落ち込んだ。そして、23年にかけて伸び率が低下した。これは為替介入が行なわれた結果、一時的に円高が進んだことの影響と考えられる。

24年に異常な円安が進み、企業利益が増加

為替レートは、その後再び円安になり、とくに2024年になってから、顕著な円安が進んだ。

日経平均株価も、24年にはバブル崩壊前の水準を取り戻し、史上最高値が記録されるようになった。2024年7月初めには、円レートが1ドル＝160円を超える円安になり、日経平均株価は4万2224円という史上最高値を記録した。

株価がバブル後の史上最高値を記録したことについて、その当時は、なぜそうなるのか、理由が分からなかった。いま振り返れば、その理由は明らかだ。それは、円安が進んだために企業の利益が増大したからだ。そして円安が進んだのは、FRBの利下げ時期が後にずれるのではないかという見通しが、24年になって広がったからだ。

株価の顕著な上昇について、さまざまな説明がなされた。円安で日本株が割安になったため外国人投資家の対日投資が増えたとか、中国経済の停滞のために、これまで中国に向かっていた投資が対日投資に回った、などと言われた。あるいは、日本企業が株主優先の姿勢を強めたことも原因だと言われた。

これらのうち、外国人投資家の対日投資増は株価が上昇したからだが、その原因は円安だ。株主優先姿勢への転換もあったのかもしれないが、しかし、それは株価上昇の基本的な理由とは考えられない。もしそうしたことが株価上昇の主たる原因なら、7月末から8月初めにかけての株価暴落は起きなかったはずだ。

暴落の原因についても、さまざまなことが言われた。日銀による7月末の利上げや、アメリカの景気悪化などだ。しかし、最も重要な原因が円安バブルの崩壊であることは明らかだ。

円キャリー取引が変化し、円高への動きが本格化する

本章の2で述べたように、2022年以降の円安は「円キャリー取引」によって支えられてきた。これは、極めて投機的な取引だ。このためドル円レートも、したがって日本企業の利益も、また日経平均株価も、変動率が高くなっていた。

2024年7月初めの時点では、投機筋による円売りが、2007年6月の過去最大につぐ、史上2番目の規模になっていた。

ところが、投機筋の円の対ドル売り越し幅が、7月中旬に急減したのだ。この変化が生じた原因として、FRBの利下げ見通しが強まり、日米金利差が縮小するという予想があった。

また、日本政府による円買い為替介入も原因だったと考えられる。まず、7月11、12日に円買い介入があったと見られる。このため、11日には4円程度の急激な円高が進んだ。さらに16日にも、円買い介入と見られる動きがあった(なお、これ以前の5月初め

にも介入があったと見られる)。

ただ、介入だけで円レートの水準を持続的に変えることは難しい。この数年間で生じた大幅な円安を是正するためには、日米金利差を大きく変えることがどうしても必要だ。

スイスを除く主要国の政策金利に比べて、日本銀行の政策金利は異常に低い。それが異常な円安の原因になっていることは疑いない。国民生活を守るために、日銀が一層の金融正常化を進めることが重要だ。

5 「日本株暴落」を増幅した隠れた要因：外国人投資家のヘッジ取引

外国人投資家の売りで、なぜ円高に?

日経平均株価（終値）は、2024年7月19日には4万円台だったのが、その後、下落を続け、8月5日には過去最大幅の下落を記録して3万1000円台にまで下がった。

アメリカ株も急落したとはいえ、これだけの大幅下落は、ほぼ日本株だけの現象だ。

なぜ日本株だけに、このように大きな変動が起きたのだろうか？

直接の要因は、前節で述べたように、アメリカの景気後退によってＦＲＢの利下げ幅が大きくなるという予想が広がり、日米金利差縮小を見越して、これまで円安を進めてきた円キャリー取引が巻き戻され、為替レートが円高方向に転換したことだ。円高は日本企業の収益を悪化させると考えられ、それが株価の下落幅を大きくした可能性がある。

このプロセスの中で大きく作用したのが、外国人投資家の日本株売りだ。

だが、本来なら円安に作用するはずの日本株売りなのに、なぜ円高が進んだのか？

海外からの日本株買いが増えても円高にならず、日本株が売られて円高になる〝不思議〟

この問題を考えるには、これまで進行してきた円安について分析する必要がある。

これまで何度も述べたように、２０２２年以降に歴史的な円安が進んだ原因として、円キャリー取引の増加がある。アメリカの金利引き上げによって日米金利差が開いたため、円を売ってドル資産に投資する取引が増え、これが円安を進めたのだ。

しかし同時に、外国人投資家による日本株への投資も増えていたことに注意が必要だ。

中国経済の不調からこれまで対中投資に向かっていた資金が日本株に向かったとか、円安が続いたために日本株が割安になり、日本株への投資が増えたとか言われた。

そして、こうした資金の流入が日経平均株価の上昇の大きな原因であるとされた。日本株を動かしているのは外国人投資家だと言われたほどだ。これも、そのとおりだろう。

だが、外国人投資家による日本株への投資は、円を買うことによって行なわれるのだから、円高が進むはずだ。だが、そうはならず、なぜ円安が進んだのか？　しかも、「歴史的」と言われるほど顕著な円安が進んだのか？

「外国人が日本への投資を増やせば、円高になる」というのは極めて当然のことなので、それと逆のことが起きたのは、無視できない重要な点だ。

疑問は、それだけではない。日経平均株価が暴落したので、外国人投資家も日本株を手放したはずだ（これはデータで確かめることができる）。

そうであれば、円を売って自国通貨に戻しているはずなので、円安になるはずだ。しかし、実際にはそうならずに円高が進んだ。これはなぜだろうか？

この点は、株価暴落過程での大きな謎であるとともに、重大な点だ。円高の進行が株価下落を拡大したと考えられるからだ。

外国人投資家は円売り先物契約をしていた

考えられる一つの理由は、外国人投資家による日本株への投資額が、円キャリー取引額よりずっと少ないことだ。もしそうであれば、為替レートへの影響はそれほど大きくなく、為替レートはほとんど円キャリー取引によって左右されたと考えられる。

しかし、今回の株価上昇は、外国人投資家によって主導されたと言われた。それが為替レートに与える影響を無視してよいものではあるまい。

外国人投資家による日本株への投資が、為替レートに影響を与えなかった理由として考えられるのは、「投資時に借入れで円資金を調達し、同時に将来時点での円売りドル買いの先物取引を契約していた」ということだ。

この先物取引の注文を受けた銀行は、つぎのように対応する。

1. 直物《じきもの》市場でドルを売る(注)
2. 直物のドル買いと先物のドル売りを行なう(これを、直・先スワップ取引という)

この結果、直物市場では、ドルの売りと買いがスクエア(取引ゼロ)になり、先物ポジションだけが残る。こうして、銀行は顧客のドルの先物買い注文に応えることができる。この取引では、直物市場ではドルの売りと買いがバランスしているので、為替相場には影響を与えない。

こうすれば、為替レートのリスクをヘッジすることができる。そして株価が予想どおりに上がれば、株価上昇の利益だけを得られる。

(注) 直物市場とは、金融資産などを現金と交換して、その場で受け渡しをする市場。これに対して先物市場とは、金融資産などを、将来の決められた日(期日)に、取引の時点で決められた価格で売買することを約束する市場。

なお、金利差による利益を狙うキャリー取引でもこのようなヘッジをすることはできるが、先物価格は金利差に相当するだけ円高になっているので、金利差による利益はちょうど打ち消され、結局、利益はゼロになる。

それに対して株式投資の場合には、金利差を上回る値上がり利益を期待できるので、ここで述べたようなヘッジ付き取引をすることに意味があるのだ。

先物契約によって円安を進める効果が働かず、円高進行で株価下落を増幅

海外投資家が日本株投資に円売り先物契約を組み合わせれば、日本株への投資は、為替を円高に動かす要因にはならない。

こうなる理由を以下に説明しよう。まず、（当然のことながら）円をいま売るのと、1年後に売るのとでは違う。なぜなら、その間に為替レートが変わることがあるからだ。

しかし、円をいま売ることと、1年後に売る先物契約をいま結び、1年後にそれを実行することとは同じだ。

いま、外国人投資家がアメリカ人であるとしよう。現在の為替レートが1ドル＝150円であるとし、日米の年利がそれぞれ0％と5％であるとすれば、先物レートは、1・05ドル＝150円となるように設定される。

この場合、いま150円を売って1ドルを得、5％で運用すれば、1年後の資産額は1・05ドルとなる。一方、1年後に先物契約を実行した場合にも、1・05ドルが得られる。つまり、1年後のドル建ての資産額は同じだ。

こうした外国人投資家のヘッジ取引が、今回の株価下落の局面で、日本株の価格変動を拡大したと考えられる。

つまり、こういうことだ。外国人投資家がヘッジなしに日本株に投資していたのであれば、株価が下落したので日本株を売り、それによって得た円を売って自国通貨に戻す。これは、為替レートを円安方向に動かす。

他方で、日米金利差が縮小するとの予想があるので、円キャリー取引の巻き戻しが進み、円高への動きが進む。しかし、外国人投資家が日本株を売却した際には円安圧力となって、円高をより緩やかにした可能性がある。場合によっては、円キャリー取引の巻き戻しの効果を覆《くつがえ》して、円安を実現していた可能性もある。

そして円安になれば、日本企業の利益が増大すると期待される。したがって株価の下落が緩和されたはずだ。

ところが実際には、外国人投資家は円売り先物契約を組み合わせてヘッジして日本株に投資していたので、日本株売りが円安を進める効果は働かなかった。その意味で、外国人投資家のヘッジ取引が円高を進めた大きな要因になったと考えられる。

そして為替市場で、円キャリー取引が巻き戻される効果だけが働いて、円高になった。それによって日本企業の利益がこれから縮小するという予想が働き、株価をさらに暴落させたのだ。

6 日銀の追加利上げは、円安阻止には「遅すぎる決定」

政策金利を0・25%に引き上げ

日本銀行は、2024年7月30～31日の金融政策決定会合で、それまで0%から0・

1％程度としていた政策金利（翌日物コールレートの誘導目標）を0・25％程度に引き上げた。

また、毎月6兆円程度の国債買い入れを、26年1～3月までに月3兆円程度に減らすことを決めた。

日銀はそれまで、金利を超低利に抑えるとともに大量の国債購入で資金を供給する異例の金融緩和政策を続けてきたが、2024年3月にマイナス金利解除とともに、17年ぶりの利上げに踏み切った。

しかし、金利急騰を抑えるため、国債買い入れ額は月6兆円程度を維持していた。7月の決定により、金利正常化をさらに進めるとともに、11年に及ぶ大規模量的緩和からの脱却方針が明確になった。

ここでの問題は、「なぜ利上げするのか？」という理由だ。

日銀は、景気と物価の好循環で安定的、持続的な2％物価目標の実現のめどがたちつつあるからだという。

だが、利上げが必要な真の理由は別にある。それを考えると、あまりに遅すぎる決定と言わざるをえない。

利上げは適切だが、判断基準は間違い

日銀は、従来から「物価と賃金の好循環が確認されれば、利上げする」としていた。追加利上げを決めた金融政策決定会合後の記者会見でも、植田和男総裁は賃上げの動きが中小企業などにも広がっていることや消費が底堅いとする判断を語った。「それ（物価と賃金の好循環）を確認できるようになったから利上げする」ということなのだろう。

しかし、「現在生じているのは、物価と賃金の好循環であり、望ましいことだ」という判断も、「好循環が確認できなければ利上げしない」という判断も、間違っていると私は考える。

本来目的とすべきは、「物価と賃金の好循環」ではなく、「経済の安定的な成長」だ。その観点からいえば、できるだけ早く利上げをして日米間の金利差を縮小させ、それによって円安の進行を抑えることが必要なのだ。その意味で、7月の利上げは、あまりに遅すぎる決定だったと考えざるをえない。

生産性向上を伴わない「悪い賃上げ」

賃金の上昇は、本来は労働生産性の上昇によって実現されるものだ。これを「よい賃上げ」と呼ぶことにしよう。

ところが日本で現在、起きている賃上げは、そのようなものではない。円安で輸入物価が高騰し、それが消費者物価に転嫁される。それによって実質賃金が低下するので、物価高騰に追いつくために賃金が引き上げられている面が強い。

生産性が上昇していないから、賃金上昇分は消費者物価に転嫁される。つまり、消費者の負担において賃上げがなされることになる。

こうして、現実には「物価上昇と賃金上昇の悪循環」が起きている。これは、悪性のコストプッシュ・インフレだ。

2024年6月の消費者物価指数（生鮮食品を除く総合）は、前年同月比2・6％上昇した。これで34カ月連続の上昇になる。上昇率は2カ月連続で前月より拡大した。

一方で賃金上昇率が物価上昇率に追いつかないため、実質賃金が下落した。毎月勤労統計調査によれば、5月の実質賃金は対前年同月比で1・4％の低下となり、26カ月連続の下落となった（事業所規模5人以上、現金給与総額。その後の動向は、第8章の1参照）。

このため消費が増えず、経済が停滞する。つまり、「物価は上昇するが、経済は停滞する」というスタグフレーションに陥っている（なお、スタグフレーションについては、第6章の2、第7章の1、第8章の3で述べる）

日本経済がこうした状態にあることは、政府も認めるところだ。内閣府は6月の月例経済報告で「持ち直しに足踏みがみられる」とした。7月の月例経済報告でも「個人消費」については「持ち直しに足踏みがみられる」という判断を据え置いた。

円安などを背景にした物価高によって、消費マインドが低下しているとしている。

また、7月19日の経済財政諮問会議で、政府は2024年度の実質GDPの成長率が0・9％になり、24年1月の前回試算で示した1・3％から下がるとの試算を示した。

修正の主たる理由は、GDPの5割強を占める個人消費の低迷だ。そして、24年度の対前年度比は0・5％増にとどまるとし、前回の1・2％増から引き下げた。

政府は電気・ガス代への補助を復活、物価上昇を望ましいとする日銀と矛盾

２０２４年6月の消費者物価指数の上昇率が前月から拡大したのは、エネルギー関連の押し上げがあったからだ。電気代が13・4％、都市ガス代が3・7％上がった。これらを含むエネルギー関連全体が7・7％上昇した。

こうなったのは、政府による電気・ガス代の補助が縮小したためだ。補助金は6月使用分で終了することとされていたため、このままだと7月にはエネルギー関連の押し上げ圧力がさらに強まる。

このため政府は、電気代・ガス代を対象とする補助金を8月から3カ月間限定で復活させた。また、ガソリン代などへの補助も年内は続ける。これによって、物価上昇率を月平均で0・5％ポイント以上引き下げるとした。

この措置によって、見かけ上の国民の負担は大幅に減少する。しかし、その財源は国民が負担するのだから、本当に負担が減るわけではない。しかも、政府が市場に介入して物価を直接に抑えることは、決して望ましいことではない。

物価高に対処するには、その原因である円安を是正しなければならないのだ。

新聞報道では、財務省の神田真人前財務官（当時）は、7月12日、「投機による円安で輸入物価が上がる。それで国民の生活が脅かされるとしたら問題だ」と語ったという。

私は、この判断は正しいと思う。

それにもかかわらず、日銀は「物価上昇が望ましい」としている。これは、明らかに矛盾した状態だ。

7 物価上昇率が2％になっても低成長が続く：IMF予測に見る5年後の日本経済

アメリカは2％成長、日本は0・4％

ＩＭＦ（国際通貨基金）が作成する世界経済見通し（ＷＥＯ）の改訂版が、２０２４年４月に発表された。これは、コロナ後の世界経済の中期的な動きを展望するための貴重な資料だ。

図表3-2　日米の実質GDP成長率（%）

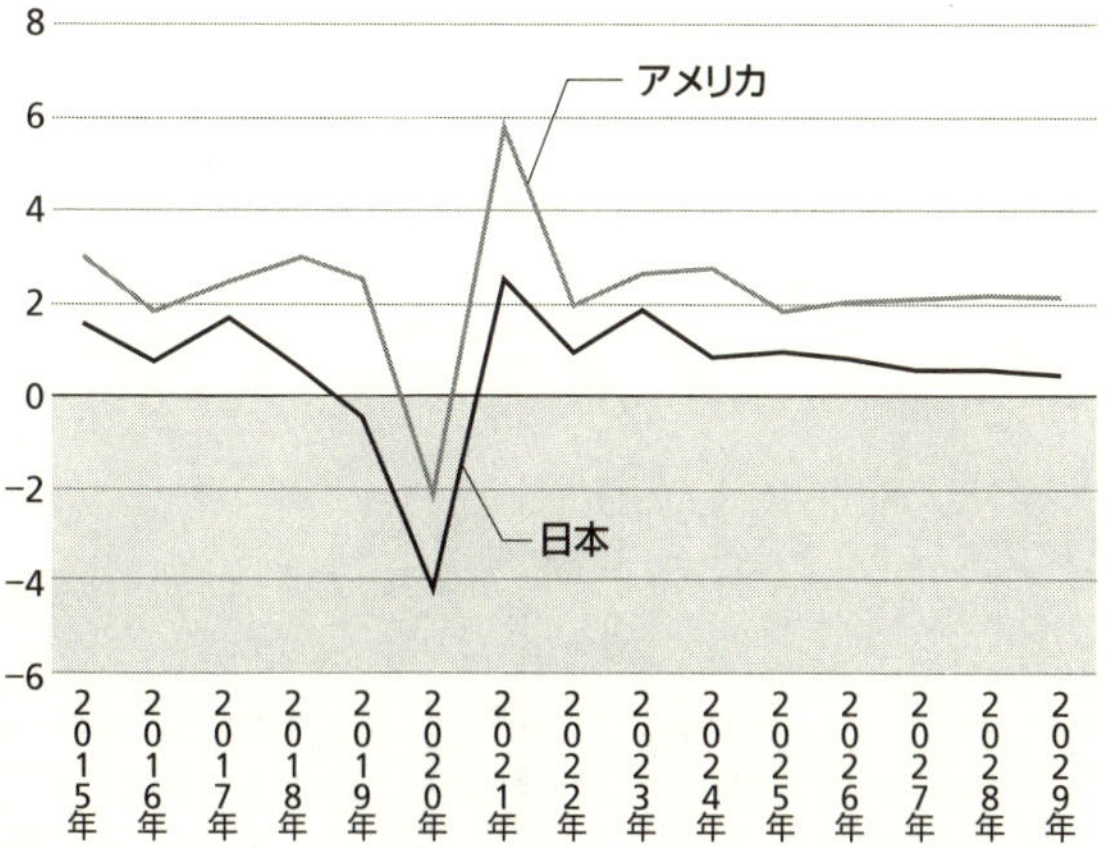

IMF、WEOのデータより著者作成

日本とアメリカの実質GDP成長率の推移は、図表3－2に示すとおりだ。アメリカはコロナによる落ち込みから回復し、今後、実質2％台の成長を続ける。

それに対して日本は、コロナによる落ち込みからの回復で、2023年までは2％近い成長率を実現できたものの、25年からは1％未満に落ち込み、26年以降は0・4％台の低成長となる。

このように、コロナによる落ち込みからの回復過程で高い成長率を実現した点では日米は同じなのだが、中期的な成長率では大きな差がある。

物価上昇率が2%になったところで、経済が改善されるわけではない

消費者物価上昇率についての見通しは、図表3－3に示すとおりだ。

アメリカの場合、以前からかなり高い上昇率が続いていた（2015年から2019年の平均値は1・6%）。コロナ後にそれがジャンプして8%になった。今後、伸び率は鈍化するものの、2%程度と、コロナ前よりは高めの率が続くことになる。

日本の場合には、従来の物価上昇率は非常に低かった（2015年から2019年の平均値は0・5%）。コロナ後に世界的なインフレーションが輸入され、円安の進行と相まって、2021年以降、物価上昇率が2%を超える水準にまで高まった。

それはやがて収まるのだが、コロナ以前の伸び率には戻らず、今後も2%程度の上昇率が続くと予測されている。これは、アメリカの数字とほぼ同じ値であり、日本の物価に構造的な変化が生じると予測されていることになる。

アメリカの場合には、実質成長率が右に見たように高いので、健全な物価上昇と評価できる。しかし、日本の場合には、実質成長率が0・4%という低い値であるにもかかわらず、物価上昇率が高い。これは、スタグフレーション以外の何物でもない。

図表3-3　日米の消費者物価上昇率(%)

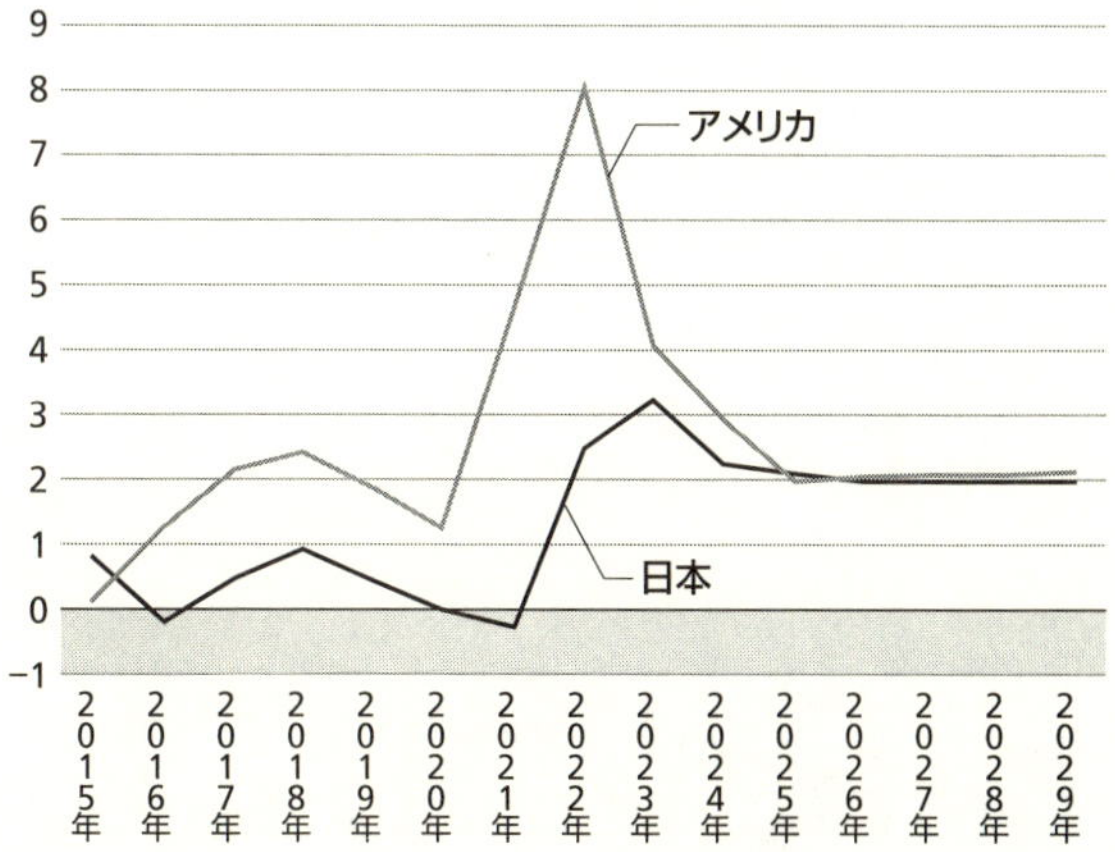

IMF、WEOのデータより著者作成

日本では、「物価上昇率が高まることによって、賃金と物価の好循環が生じる」という考えが強い。しかし、IMFの予測は「物価上昇率が高まったところで、経済成長率が以前より顕著に高まるわけではない。つまり、物価上昇率の高まりは、経済状況を改善することにはならない」ことを明確に示している。

日本銀行は「物価上昇率2%」という目標を、いい加減にお払い箱にすべきだ。

1ドル=140円台が続く

為替レートはどうなるだろうか? IMFは、その予測値を別掲《べっけい》して公表して

図表3-4　ドル円レート（1ドル当たり円）

IMF、WEOのデータより著者作成

いるわけではないのだが、WEOのデータベースにある実質値と名目値から逆算することができる。ここでは、日本のGDPの円表示価格とドル表示価格から、ドル円レートを逆算してみた。結果は図表3-4に示すとおりであり、1ドル＝140円台が続くことになっている。

2000年から2021年頃までは、1ドル＝110円程度を中心として変動していた。それが140円程度となるのだから、為替レートについて構造的な変化が生じるのを認めることになる。

ただし、為替レートの将来予測は難しい。というより、理論的に不可能な課題である（第1章の1の最後で述べたように、ファイナンス理論によれば、株価や為替レートの将来の値はランダムウォークするとされている）。IMFのWEOにおいても、確たる根拠はなしに、将来の値を決めたのかもしれない。そうではあっても、図表3－4が発している「数年前のレートにはもう戻れない」というメッセージは強烈だ。

日本の一人当たりGDPはG7で最低

IMFの予測によると、2029年における一人当たりGDPの値は、つぎのとおりだ（単位：万ドル）。

まず、日本は4・1だ。G7のメンバーを見ると、アメリカ10・1、カナダ6・5、イギリス6・7、ドイツ6・4、フランス5・4、イタリア4・5となっている。日本はイタリアより1割ほど低く、G7の中で最低だ。G7のメンバーとして適切かどうかという議論が起こりかねない。

2000年の沖縄サミットのときに、日本の一人当たりGDPがメンバー中で最高だったのは、夢の中のできごとだったのかと疑いたくなる。

アジアでは、シンガポール10・6、香港6・6、台湾4・3、韓国4・2などとなっている。シンガポールと香港はしばらく前から日本より豊かだったが、台湾、韓国が2024年に日本と並び、そして日本を追い越していくのだ。

財政収支試算や公的年金の財政検証での見通しは、楽観的すぎないか?

「財政収支試算（中長期の経済財政に関する試算）」（内閣府、2024年7月）の「成長移行ケース」では、2027年以降は実質GDPの成長率が1・4〜1・6%程度になるとしている。「高成長実現ケース」では、2027年以降の実質GDPの成長率が1・6〜1・9%程度だ。しかし、とてもこうした成長は実現できないだろう。

「過去投影ケース」では、2027年以降は、0・4〜0・6%の成長が続くことになっている。これが精一杯ということになるだろう。

政府のさまざまな政策の根拠が、将来の経済見通しとして、「成長移行ケース」や「高成長実現ケース」を採用し、あるいはそれをさらに将来に向かって延長しているのだが、これらを見直し、現実的な想定に修正する必要がある。

とりわけ重要なのは、公的年金の将来見通しだ。2024年4月に公表された財政検証のマクロ経済想定では、2034年度以降の長期の経済前提として、実質賃金上昇率が「高成長実現ケース」で年率2％、「成長型経済移行・継続ケース」で1・5％になると想定されている。（注）これは、実質GDP成長率として、それぞれ1・6％、1・1％という高い成長率を仮定しているからだ。しかし、このようなことは到底実現できない。

なお、これら以外に「過去30年投影ケース」と「一人当たりゼロ成長ケース」も想定されている。これらの実質賃金上昇率は、それぞれ0・5％と0・1％だ（実質GDP成長率は、それぞれマイナス0・1％とマイナス0・7％）。現実的なのは、これらのケースだ。

実質賃金上昇率が高ければ、年金財政には、保険料率を引き上げたのと似た効果が生じる。したがって、年金収支が改善するのである。

高い成長率の想定は、年金財政が抱えている深刻な問題点を覆《おお》い隠すことになる。

（注）厚生労働省、国民年金及び厚生年金に係る財政の現況及び見通し――令和6（2024）年財政検証結果、2024年7月3日。

◆第3章のまとめ

1．最近の異常な円安は、日米の金利差だけが原因なのではなく、日本経済の構造に原因があるとの見方がある。しかし、日本が抱える構造問題は、それ自体として深刻なものではあるが、円安の直接の原因とは考えられない。
　他方で、日本経済は利上げに対する耐性を持たないため、金利を十分な高さに引き上げられないという問題がある。これこそが円安をもたらしている最大の構造要因だ。

2．2024年7月末の暴落以前の株価は、為替レートが1ドル＝153円程度より円高にならないことに賭けた「カジノ経済」だったが、これが崩壊した。
　ここ数年間の急速な円安は、日米金利差の急速な拡大によって生じた「円キャリー取引」の急膨張による。ただ、この説明だけでは不十分であり、なぜ日銀が金利を上げられないかを明らかにする必要がある。

3．日本の自然利子率が低下し、その結果、日米間の金利差が開き、持続的な円安がもたらされていると考えられる。

4．2022年以降、円安の進行で企業利益が増加し、日本の株価が上昇した。24年にはさらに顕著になったが、7月末から8月上旬にかけて株価が暴落した。これは株高を支えてきた「異常円安メカニズム」が崩壊したからだ。

5．株価暴落の原因の一つは外国人投資家の日本株売りだが、彼らのヘッジ取引が下落を増幅した面がある。本来なら、円売りによる円安圧力と、日米金利差縮小による円キャリー取引の巻き戻しが円高を緩和するのだが、ヘッジ取引のために、その効果が働かなかった。

6．日銀は2024年7月に政策金利の引き上げを行なったが、これはあまりに遅すぎる決定だった。また、利上げの理由として「賃金と物価の好循環が始まっている」ことをあげているが、これが好ましい現象だとの判断は誤っている。これは、コストプッシュ・インフレだ。必要なのは、円安の進行を抑え、物価上昇を抑えることだ。

7．IMFの「世界経済見通し」によると、今後、日本の消費者物価上昇率は2％程度になるが、実質GDP成長率は0．4％程度にしかならない。物価上昇率が高まっても、経済が改善されるわけではない。日銀は、物価目標を廃棄すべきだ。

第4章　日銀は円安を放置するが、株価下落には敏感

1　日銀の独立性はどこにいったのか？

日銀総裁発言で、異常な円安が進行

「歴史的な円安」とか「異常な円安」と言われる事態は、日本銀行総裁の発言で引き起こされた面もある。

日銀の植田和男総裁は、2024年4月26日の金融政策決定会合後の記者会見で、「(円安によって)基調的な物価動向に大きな影響が生じれば、政策の判断材料になる」とした。そして、「円安による基調的な物価への影響は無視できる範囲か」という質問

に「はい」と答えた。

この答えには、世界中が仰天したことだろう。「円安が進んでも、日銀はそれを放置する」と受け止められたのだ（形式論理的に言えば、この受け止めは、植田発言の裏命題だから、誤りなのであるが……）。そして「円安を進める投機取引（円キャリー取引…第1章の2を参照）を、日銀を気にせずにどんどんやっても構わない」と受け止められたのである。

はたせるかな、この会見が終了する前から円安が進み、会見中に80銭ほど円安になった。そして、一時は1ドル＝156円80銭台になった。さらに、4月29日には、一時、1ドル＝160円まで円安が進んだ。

こうした急激な円安の進行に対して、財務省は為替介入を行なった。

投機取引に利益の保証を与えたようなもの

なぜ植田発言によって円安が進んだのかを説明しよう。第1章や第3章で述べたように、為替レートは「キャリー取引」と呼ばれる投機取引によって大きな影響を受ける。

これは円で投機資金を借入れてドルに転換し、ドル資産に投資する取引だ。日本の金利がアメリカの金利より低ければ、金利差だけの利益が得られる。キャリー取引は円を売ってドルを買う取引なので、円安が進む。

この説明は誤りではないが、これだけでは不十分だ。なぜなら、仮に投機を手じまいする時点で為替レートが円高になっていたとすると、借入金を返済するために円高のレートで円を買わなければならないので、損失が発生するからだ。これが金利差による利益を上回ることは十分にありうる。したがって、キャリー取引はリスクが高い投機取引であり、必ず利益をあげられるとは限らない。

ところが日銀が、今後しばらくの期間は金融引き締めをしないと言えば、為替レートが将来円高になる確率は小さくなる。つまり、キャリー取引で利益を得られることが、ほぼ保証されるわけだ。本章の最初に述べた日銀総裁の発言は、「いくら円安が進んでも、日銀はそれを止めませんから、どんどん投機を進めて構いません」と受け取られた。つまり、投機取引に利益の保証を与えたと受け止められたのである。

なお、日銀による円キャリー取引の「推奨」は、これまでもずっと行なわれていたことだ。２０２３年４月に日銀新体制が発足したとき、金融正常化を進めるとしながら、同時に金融緩和を継続していくとしていた。本章冒頭の植田総裁発言は、この路線をより具体的に述べたものに他ならなかった。

岸田首相が植田総裁の発言を訂正させた

ところが問題は、以上にとどまらなかった。ある意味でもっと重要な事件が、この後に起きた。

円売りに歯止めがかからなくなった事態に危機感をもった岸田文雄首相（当時）は、植田総裁と面会して、発言を修正させたのである（日本経済新聞、２０２４年6月３日）。

面会後、植田氏は一転。過度な円安には利上げで対応する可能性を示唆するなど、発言を修正した。

私は、４月26日の植田総裁の発言は不用意なものであり、総理大臣がこれを問題視したのは正しいと思う。しかし、このことと、直接に面会して発言を修正させることが適切かどうかは別問題だ。なぜなら、この行為は、日本銀行の独立性を侵害すると考えられるからだ。日銀法第3条第1項は、「日本銀行の通貨及び金融の調節における自主性は、尊重されなければならない」としているのである。

戦時中の1940年に制定された旧日銀法でこれに対応する条文は、「日本銀行ハ専ラ国家目的ノ達成ヲ使命トシテ運営セラルベシ」だった（第2条）。この条文があったから、日本銀行は戦費調達のために大量の国債を引き受けてきたのである。

現在の日銀法は、これに対する反省から第3条第1項の規定を置いた。つまり、この規定は、日本銀行の本質に関わる規定と言ってよいものなのだ。

岸田首相の修正要求は、この規定に抵触する大問題として論議されるべきだろう。

日銀の独立性はとっくに忘れられている

以上のように言えば、「2012年に、日本銀行の反対にもかかわらず、政府が日銀に2％の物価目標を導入させたことこそ、日銀の独立性に対する重大な侵犯だった」との指摘があるだろう。そのとおりである。

ただし、2012年当時には、これが日銀の独立性に関わる重大問題であることが明確に意識されていた。そして白川方明《まさあき》総裁（当時）は、最後の最後まで抵抗した。しかし、ついに刀折れ矢尽きて、政治の圧力を受け入れたのである。

ところが、今回は発言を修正させた側も、それを受け入れて発言を修正した側も、日銀法第3条第1項の規定を、すっかり忘れてしまったように見える。マスメディアからも、この事態に対して疑問の声が上がらなかった。

つまり、日銀の独立性という言葉は、すでに死語になっていて、忘れられた存在になっているのである。ここで述べたようなことを言い出せば、「些細な問題について何と大げさな」と言われるだろう。問題とすべきは、まさにこの点だ。

無法状態で行なわれる財政・金融政策

実は、重要な規定が忘れ去られているのは、日銀法第3条第1項に限ったことではない。2013年からの異次元金融緩和は、財政法第5条に抵触している可能性があるのだ。

異次元金融緩和の基本的な手段は、国債の大量購入だ（2016年から金利の直接コントロールが行なわれるようになったが、金利抑圧のための手段が国債の購入だったことは変わらない)。

ところが、財政法第5条は、日銀引き受けによる国債発行を禁止している(国債の市中消化の原則)。この規定は、市場メカニズムによって国債発行に歯止めをかけるためのものだ。

日銀が政府から直接に国債を引き受ければ、市中金利に影響を与えることなく、政府はいくらでも国債を発行することができる。しかし、市中消化の発行に限れば、国債発行額が増えると発行利回りが上昇し、財政資金のコストが高まる。したがって、国債発行に自動的にブレーキがかかることになる。この規定も、戦時国債大量発行の苦い経験から、無制限の国債発行を食い止めるために定められたものだ。

異次元金融緩和政策においては、日銀は市中銀行が保有している国債を購入した。政府から直接に引き受けるわけではないので、形式的に言えば、財政法第5条には抵触していない。

しかし、日銀が民間金融機関から国債を買い入れれば、国債の流通価格が上昇する。

つまり金利が低下する。したがって、新発国債の発行利回りも低下する。だから、日銀が直接に引き受けた場合と似た効果が得られるのである。

こうした問題があることは予想されており、日銀が購入する場合、民間の金融機関が国債を買い入れてから一定期間以上経った国債のみを対象とすることとされていた。

しかし、この制約が緩和され、民間金融機関が購入した直後に日銀が購入することも可能になった。つまり、右から左に転売できるようになったわけだ。

そうであれば、国債購入後に金利が高騰して保有国債の価格が下落する危険を最小限に抑えることができるので、金融機関はいくらでも国債を買える。そして、それを日銀に売却する。以上のことを簡単に言えば、大規模金融緩和は、事実上、財政法第5条の脱法行為になっているのだ。

重要な規定の侵犯は、さらに進んだ。2023年度当初予算案においては、建設国債を防衛費の財源にした。これは、財政法第4条に抵触していると考えられる。なぜなら、第4条は、「国の歳出は、公債又は借入金以外の歳入を以《もっ》て、その財源としなければならない」と規定し、但《ただ》し書きにおいて、「公共事業費、出資金及び貸付金の財源については、国会の議決を経た金額の範囲内で、公債を発行し又は借入金をなすことができる」としているからだ。

日銀独立性の規定も、国債市中消化の規定も、そして建設国債の原則も、戦時財政金融の苦い経験から定められた重要なものである。それらが、いまやすっかり忘れ去られている。そしてマスメディアも、これが問題だと指摘しない。

日本の財政金融政策は、無法状態の中で行なわれていると言わざるをえない。

2　日銀の政策は、株価に左右されるのか?

7月の金融政策決定会合の決定と内田発言の齟齬《そご》

2024年7月31日の金融政策決定会合において、日銀は政策金利の引き上げを決めた。そして会議後の記者会見において、植田総裁は「物価と賃金の状況が想定どおりになれば、さらに追加の利上げを行なう」と述べた。参照する経済変数は、「物価と賃金」だ。ここには、株価は含まれていない。

ところが、この会見の翌日に、株価が大暴落した。

株式市場がパニックに陥る中で、内田眞一日銀副総裁は8月7日の講演で「金融資本市場が不安定な状況で、利上げをすることはない」と強調した。これを受けて、同日の日経平均株価は、一時、前日比1100円超の上昇となった。内田発言は、株価に大きな影響を与えたのだ。

ここには、問題が2つある。

第一に、重要な点なので右に述べたことを繰り返せば、7月31日の決定では「今後も賃金と物価についての条件が満たされれば、利上げを行なう」としている。植田総裁もそう説明している。「株価が下落したら、利上げを考え直す」とはしていない。だから、内田発言は、7月31日の決定と、記者会見での植田総裁の説明を否定していると考えられる。

第二に、「金融資本市場」とは株式市場を含むと解釈できるので、株価が日銀の政策に影響を与えるとしていることになる。

しかし、そもそも株価は、日銀が政策決定において考慮すべき変数なのだろうか？

植田総裁は、今後については、賃金と物価の動向を見ながら判断すると言ったのだから、株価の動向が影響するというのは、新しい判断要素が入ってきたということではないだろうか？

株式市場は、もともとリスクが高い市場だ。そのリスクが顕在化して、株価の変動が大きくなっても、中央銀行がそれを沈静化する義務があるのだろうか？　金融資本市場が変動している間は金利を上げないというのは、金利引き上げという金融政策正常化の要請よりも、株式市場の安定のほうが優先度が高いという判断を示している。そうした優先度の判断は正しいだろうか？

株価によって日銀の政策が左右されるのは、望ましくないのではあるまいか？

国会での植田総裁の説明「市場を注視する」は、株価の影響を認めるもの

植田総裁は、8月23日、衆院財務金融委員会の閉会中審査に出席し、株式や為替等の動向はまだ不安定な状況にあるとし、当面は「その動向を極めて高い緊張感を持って注視していく」と述べた。

ここでは、株式市場が注視の対象になっていることを明確に述べている。ただし、「注視」と言っただけであって、それによって「金融政策が影響を受ける」とは言っていない。

ただ常識的に考えれば、ある指標を注視するのは、その指標が政策に影響するからだろう。政策に影響しないことを「高い緊張感を持って注視していく」ことは、普通はない。

そうであれば、少なくとも潜在的には、株価が日銀の政策に影響することを認めていることになる。つまり、植田総裁自身が、7月31日の決定を修正したことになる。

さらに、日銀の氷見野良三《ひみのりょうぞう》副総裁は、8月28日に甲府市で講演し、「金融資本市場は引き続き不安定な状況にある。経済・物価の見通しやリスクに及ぼす影響を見極めたい」と述べた。

「市場が不安定なら利上げしないのか?」との質問に対しては、直接の回答を避けた。そして、「当面はその動向を見極めて、高い緊張感をもって注視していく。経済・物価見通し実現の確度が高まれば、緩和の度合いを調整していく」と説明した。

この説明は、「株価は、物価と賃金に影響を及ぼすから、間接的に金融政策に影響する」と解釈できる。その意味で、23日に植田総裁が国会で答弁した内容を説明していると解釈できる。

しかし、株価は、物価と賃金に影響を与えるのだろうか？　物価や賃金が株価に影響することはあるだろうが、その逆は、基本的にはないのではなかろうか？

なお、植田総裁は、9月20日の金融政策決定会合後の記者会見で、「金融資本市場も引き続き不安定な状況にある。当面はこれらの動向を見極めて、高い緊張感を持って注視する」と発言した。

パウエル議長が示した利下げの道筋

2024年8月23日に開催された「ジャクソンホール会議」において、FRBのパウエル議長は、9月の政策金利引き下げを示唆した。

インフレ率が目標に近づいていることが理由だ。ただし、雇用の面でリスクがあることを指摘した。したがって方向性は明確であるものの、利下げのタイミングとペースは雇用の経済データに依存するとした。具体的には、雇用統計や消費者物価指数が判断材料になるとした。

方向をはっきり示し、その詳細なタイミングやペースを決める具体的な経済データを示している。だから、人々はこれからの政策について、詳しい見通しを持つことができる。また、政策金利の将来見通しを、詳細な数字で示している。

そしてFRBは、消費者物価と雇用の状況を見るとしているが、株価の動向を見るとはしていない。

株価の動向が、実際には金融政策に影響を与えることは、「グリーンスパン・プット」とか、「バーナンキ・プット」とかいう表現で、これまでも言われていたことだ。(注)ただし、それらは公的に認められたものではなかった。

もし株価の動向によって、金融政策が影響を受けるということになれば、それは中央銀行の政策決定上における重大な変更になるのではないだろうか?

(注)「プット」とは「プットオプション」(株式を、あらかじめ決められたある価格で売れる権利)のこと。FRB議長だったグリーンスパンやバーナンキは、株価が下落すると、政策金利を引き下げて株価を支えることがあったため、このように言われた。

◆第4章のまとめ

1．4月26日の日銀総裁の発言は、「日銀は円安を放置する」と受け止められ、急激な円安が進んだ。これも問題なのだが、もっと大きな問題は、岸田総理大臣が植田総裁に発言の修正を求め、植田総裁がこれを受け入れたことだ。これは、日銀の独立性を侵す行為ではないか？

2．株価が下落すれば、日銀は利上げしないのか？　この点に関する日銀の態度は、はっきりしない。日銀は、金融政策に影響する経済指標は何かを、明確に、かつ首尾一貫して示す必要がある。

第5章　正常な世界に戻れば、どこまで円高になる？

1　円キャリー取引の巻き戻しで、どこまで円高になるか？

株価暴落は、日本に限った現象

第1章で見たように、2024年7月の終わりから8月の初めにかけて、アメリカの株価下落に端を発し、世界の株価が下落した。ここで注目すべきは、日本の株価下落率が、欧米のそれに比べてはるかに高かったことだ。

日、米、英の3カ国について、株価下落が始まる直前の7月30日と、8月5日の各終値を比べると、つぎのとおりだ。

まず、株価下落の震源地とも言えるアメリカのダウ平均株価は、7月30日には4万7 43ドルだったが、8月5日には3万8703ドルに下落した。この間の下落率は、5・0%だ。

イギリスの株価指数であるFTSE100指数は、7月30日には8292だったが、8月5日には8008となった。この間の下落率は、3・4%だ。

これに対して、日本の日経平均株価は、7月30日には3万8525円だったが、8月5日には3万1458円となった。下落率は18・3%と、極めて高い値だ。

8月5日の前週末比4451円の下落は、1987年のブラックマンデーの翌日につけた3836円を超える過去最大値だった。また、8月2日の下落幅2216円は、史上第3位の下げだった。

しばしば、「世界の株価を下落させた原因は、アメリカの景気減速」と説明される。このこと自体は間違いではないのだが、それだけでは、なぜ日本の株価下落率が際立って高かったのかを説明することができない。その理由を明らかにすることは、日本株の将来を見通す場合に、重要な情報となる。

円だけが顕著に増価

なぜ日本の株価下落率がこのように高かったのか？　それを解く鍵は、各国為替レートの変動率にある。

２０２４年夏の円、ポンド、ユーロの動向を比較すると、つぎのとおりだ。

まず円は、24年の初めから円安基調が続き、７月10日には、１ドル＝１６１円まで円安が進んだ。しかし、11日から円高に転じ、その後はほぼ継続して円高が進んでいた。

この流れは、７月末の日銀の金融政策決定会合で利上げを決定する以前から続いていたことに注意が必要だ。

そして、８月５日には、１４４円になった。わずか１カ月足らずの間に、20円近く円高が進んだのである。その後、やや円安になったが、８日に１４７円になった後は、再び円高に向かった。

一方、ポンドを見ると、７月中旬に1ポンド＝1・3ドル程度だったのが、８月初めに1・27ドル程度へと減価している。ユーロの状況を見ると、７月末に1ユーロ＝1・08ドル程度だったのが、８月初めに1・09ドルへと増価したが、大きな変化ではない。

このように7月末以降、ポンドは減価している。ユーロは増価しているものの、率は高くない。これらと比べると、24年夏の日本円の増価率は、著しく高い。とくに、7月31日以降、急速に円高が進んだ。

こうなるのは、円の場合には、「キャリー取引の巻き戻し」現象が起きたからだ。この間の事情を以下に説明しよう。

「円キャリー取引の巻き戻し」とは?

2022年以降、日米金利差が拡大し、円キャリー取引が生じていた。ところが、アメリカが利下げをすると、投資家は、期待しただけの利益が得られなくなる。そこで、「円キャリー取引の巻き戻し」とか「逆回転」と呼ばれる現象が生じる。運用していたドル資産を売却し、それによって得た外貨で円を購入して返済する。このため、円高になる。

一方、ここ数年の日本企業の利益増が円安によるものであるために、円高になれば、利益が減少する。したがって、株価が下がる。このプロセスは、日本の政策では止めようがない。

日本では、それまでは利上げをせず、その結果、円安が進んで企業利益が増え、株価が上昇した。そして、日本が利上げするからというよりは、アメリカが利下げをするために、円高を強制される。それによって企業利益が減るので、株価が下落するという現象が起きたのだ。つまり、株価下落は、2022年以降の日銀の不作為の結果だったと解釈することができる。

円キャリーの巻き戻しで、どこまで円高になるか?

円キャリーの巻き戻しは、2024年7月初め頃には、すでにかなり進んでいた。その後、さらに巻き戻しが進んだ。

単純に、2022年以降のアメリカの利上げ過程を逆にたどると考えれば、最終的には、アメリカの政策金利がコロナ前の水準と同じだった頃(2022年5〜6月頃)の値(1ドル=130円程度)まで円高が進む可能性がある。

ただし、事はそれほど単純ではない。円キャリーがどれだけ行なわれるかは、金利差だけで決まるのではなく、将来の為替レートの見通しに依存しているからだ。利上げ過程では、将来円安が進むという見通しがあったので、円キャリーが膨れ上がった。今後はそれが逆になって、円キャリーが抑圧され、その結果、22年中頃の水準を超える円高が進む可能性もある。

過去においても、円キャリーの巻き戻しによって、予想された以上の円高が進んだ例が何度かあった。

このような過程が、どの程度の規模で、そしてどの程度の速さで進むかは、ひとえにFRBの利下げによって決まる。そしてそれは、アメリカの景気動向やインフレの抑圧度によって決まる。

仮に日銀が利上げを延期したり、あるいは利上げを取りやめて利下げしても、効果は限定的だろう。これまで世界の大勢とまったく逆の金融政策をとってきたために、情勢が変化しても、対応のしようがないのである。

消費者物価の引き下げを求める必要がある

２０２２年以降の円安は、大部分の国民にとっては、何の利益にもならないものだった。円安が放置されたために物価が上昇し、生活が困窮《こんきゅう》した。その反面で、大企業の利益が増大し、株価が上がった。つまり、この数年間の株価上昇は、国民の犠牲の上に成り立っていたものだった。

なお、仮に円高が進行して輸入物価が下落したとしても、それによって消費者物価が下がるとは限らない。

実際、２０２２年の秋には、円高が進み、輸入物価は下落したのだが、それにもかかわらず消費者物価は下がらなかった（この問題は、第６章でさらに詳しく検討する）。

これは日本ではあまり問題にされなかったが、重要なことだ。これから輸入物価が低下した場合、それを消費者物価の下落につなげるよう求めていくことが重要だ。

2 為替レートの「ファンダメンタルズ」は購買力平価

金融変数の背後にある「ファンダメンタルズ」

為替レートがこれからどうなるかに、多くの人が強い関心を抱いている、なぜなら、為替レートは消費者物価や企業利益に大きな影響を与えるからだ。

ただし、円キャリーの実態については、正確な定量的情報が得られない。日本政府や日本銀行も、これらについての正確な情報は持っていないと考えられる。したがって、円キャリーに関するデータをもとにして将来の為替レートを予測することは難しい。

金利や為替などの金融変数は、実体経済に関連する変数に比べて変動率が大きい場合が多く、また将来を見通すのが難しい。金融変数は、投機によって大きく動くからだ。

そこで、「ファンダメンタルズ（経済の基礎的条件）」が分析される。これは金融変数の背後にあって、それを動かす実体経済の状況だ。株価の場合には、企業の利益動向などがファンダメンタルズとされる。

これらは金融的要因によって動く。市場価格のアンカーとしての役目を果たすと考えられる。つまり市場価格は、投機的要因によってファンダメンタルズで決まる価格から大きく乖離するが、長期的に見れば、ファンダメンタルズ価格に回帰していくと考えられる。

新NISAやデジタル赤字は、円安の直接的原因ではない

では、為替レートについての「ファンダメンタルズ」は何だろうか？　つまり、市場為替レートの背後にあって、それを動かす実体経済の状況とは何だろうか？

しばしば指摘されるのは、経常収支の動向だ。最近では、新NISAによる海外投資の増加や、デジタル赤字の増大などが円安要因として指摘された。

これらは、それ自体としては重要だ。しかし、第3章の1で述べたように、これらが直接に為替レートに影響することはないと考えられる。なぜなら、これらは金利差という金融的要因によって引き起こされる円キャリー取引に比べれば、問題にならないほど規模が小さいからだ。それらが為替レートに影響するとすれば、円キャリー取引などに影響を与えることによってであると考えられる。

為替レートについての「ファンダメンタルズ」としては、つぎに述べる「購買力平価」を考えるほうが適切だろう。

3 購買力平価で見れば、固定相場制の時代より円安

「歴史的な円安」の意味

2024年7月の為替レートは、歴史的な円安であり、危機的な円安であると言われた。確かにそのとおりなのだが、これについては「1ドル＝160円より円安の時代があったではないか。固定相場制の時代には1ドル＝360円だった。これに比べれば、現在の為替レートはまだまだ円高だ」との意見があるかもしれない。

市場為替レートでは、確かにそうだ。しかし、本節で説明する購買力平価という概念との関係でいえば、2024年の為替レートは、固定相場制の時代よりも円安になってしまったのである。だから、確かに歴史的な円安であり、危機的な円安なのだ。

「購買力平価」という概念は現在の為替レートの状況を理解するためにはぜひ必要なの

で、つぎに説明することとしたい。

ビッグマックの購買力平価は1ドル＝84円

為替レートについての「ファンダメンタルズ」は、購買力平価であると考えられる。これは、国境を越えて「一物一価《いちぶついっか》の法則（同じ商品・サービスであれば、どの市場でも同じ価格で取引されるということ）」を実現するような為替レートのことだ。

仮に、あらゆる財やサービスが、ゼロのコストで、国際的に自由に取引されるなら、価格の違いは裁定取引（価格差を利用して利益を得る取引のこと）によって埋められ、世界的な「一物一価」が実現されるだろう。移動コストが高い財やサービスでも、その生産に必要な生産要素が移動すれば、同様の状態がもたらされるということだ。

このような意味での購買力平価のうち最もよく知られているのは、イギリスの経済誌『エコノミスト』が計算して定期的に公表している「ビッグマック指数」だ。

マクドナルドのビッグマックは世界のどこでもほぼ同じ品質のものなので、本来であれば、世界的な一物一価が成立しているはずだ。つまり、市場為替レートで換算して、どこでも同じ価格になるはずだ。

ところが、実際にはそうなっていない。

2024年7月を見ると、つぎのとおりだ。ビッグマックは、日本では480円、アメリカでは5・69ドルだ。これらを等しくする為替レートは、1ドル84・36円だ。これが、ビッグマックによる購買力平価である。

しかし、実際の市場為替レートは150・44円だった。だから市場為替レートは、購買力平価に比べて43・9％も円安ということになる。この過小評価率のことを「ビッグマック指数」と呼んでいる。

購買力平価の半分以下とは！　あまりの異常さに、言葉を失う。

IMFとOECDによる購買力平価は、1ドル＝90〜95円程度

ビッグマック指数は、ビッグマックという一つの商品だけを取り上げたものだが、本来は、もっと多数の商品やサービスの価格を考慮に入れて、購買力平価を計算すべきだろう。そのような購買力平価が、さまざまな機関によって作成されている。

それらのうちよく使われるのは、IMFとOECDによって計算されている購買力平価だ。

最新の時点では、どちらの指数で見ても、円の購買力平価は1ドル＝90〜95円程度だ。ビッグマック指数の場合ほどではないが、日本円の市場レートが購買力平価に比べて著しく過小評価されているという点は変わらない。

仮に購買力平価を為替レートの長期的均衡値と考えれば、「日本円の市場為替レートは、長期的均衡値に比べて著しく円安であり、いずれは、1ドル＝100円程度まで円高になる」ということになる。

ところが多くの人が、現実の為替レートは購買力平価より円安になるのが普通だと考えている。しかし、それは、ここ数年のことなのであって、それまでは、逆に、現実の為替レートがあるべき水準よりも円高になる場合のほうが多かったのだ。今回は異常な事態と考えなければならない。

多くの人は、1ドル＝150円以上の円安という為替レートに慣れてしまったので、それがいかに異常なものであるかという感覚を失った。だから、1ドル＝100円と言われても、そんなことはありえないと考えるだろう。

しかし、市場為替レートが購買力平価より円安になるのは、歴史的に見れば、異例のことなのである。つまり、現在の市場為替レートは、異常な金融条件が引き起こした投機のために、ファンダメンタルズに比べて著しく円安になっているのだ。

2020年頃まで1ドル＝100円程度であったものが、わずか数年の間に160円程度にまで円安が進んでしまったことのほうが異常なのだ。

生産量や雇用数など実体的経済活動を示す変数が、短期間のうちにこれほど急激に変化することはありえない。こうした急激な変化が起こったのは、金利や為替レートなどの金融変数においてである。つまり、この数年間の円安をもたらしたものは、実体経済の変動ではなく、金融状況の変化なのである。

繰り返すが、異常な円安は、アメリカの金利が急激に上昇し、それにもかかわらず日本がマイナス金利政策を継続したという異常な状態によってもたらされたものだ。

その状況が、いま変化しようとしている。ここ数年の異常な状態が、これから、アメリカの金利引き下げによって正常化していく可能性がある。少なくとも、方向性としてはそうだ。

BISが計算する実質実効為替レート

ビッグマック指数や、OECD、IMFの購買力平価は、各国の物価を調べて計算される。それに対して、円とドルを考えた場合、ある時点の為替レートを基準とし、日本とアメリカの物価上昇率の差を考慮して、基準時点と同じ購買力を維持するための為替レートを算出し、そして現実の為替レートとの比を計算するという方法がある。BIS（国際決済銀行）は、このような考えに基づく購買力平価を発表している。

ビッグマック指数やOECD、IMFなどの購買力平価が「絶対的購買力平価」と呼ばれるのに対して、BISの購買力平価は「相対的購買力平価」と呼ばれる。

以下では、円とドルの関係を考えることとし、為替レートを円ドルレート、つまり1円あたりのドルで表すことにする。(注)

基準時点における円ドルレートは、1円＝0・01ドルであったとする。そして、現時点までの間に、日本では物価が2％上昇し、アメリカでは10％上昇したとする。

この条件のもとで、円が基準時点と同じ購買力を持つためには、為替レートはどのように変化しなければならないか？

まず、アメリカの物価が10％上昇したので、円高にならなければ購買力を維持できない。具体的には、円ドルレートは、1円＝0・01×1・1ドルにならなければならない。

また日本の物価上昇率が2％なので、それに対応するだけ円安にならなければならない。これら2つの効果をあわせれば、円ドルレートは、1円＝0・01×1・1÷1・02ドルにならなければならない。

一般的に言えば、基準時点と同じ購買力を維持するには、円ドルレートがつぎのよう

（注）厳密にいうと、「円ドルレート」とは「1円当たりのドルで表わした為替レート」であり、「ドル円レート」とは「1ドル当たりの円で表わした為替レート」である。例えば、ドル円レートが1ドル＝120円なら、円ドルレートは1円＝0・0083ドルである。本項においては、為替レートを円ドルレートで表わしている。

なお、本項以外では、為替レートをドル円レートで表わしている場合が多いが、これを便宜上「ドル円レート」と呼んでいる。

にならなければならない。

購買力を維持する為替レート＝（基準時点における円ドルレート）×e

e＝（1＋アメリカの物価上昇率）÷（1＋日本の物価上昇率）

アメリカの物価上昇率が日本の物価上昇率よりも高い場合には、日本円の価値を維持するためには、円ドルレートが基準時点より大きな数にならなければならない。つまり、円高にならなければならない。

この式で表わされる為替レートが、現時点における日本円の購買力平価である。繰り返すが、これは基準時点と同じ購買力を維持するという意味での為替レートだ。

BISが公表している「実質為替レート指数」とは、現在の市場為替レートと、右に計算した購買力平価との比率の100倍だ。すなわち、

実質為替レート指数＝（市場為替レート÷購買力を維持する為替レート）×100

この値が100であれば、いまの市場為替レートは、基準時点と同じ購買力を維持していることになる。100未満であれば、基準時点より購買力が低下したことになる。

以上では、ドルと円の関係だけを考えたが、同じような計算を、他の通貨との関係においてもできる。

日本の場合について言うと、ドルだけでなく、ユーロやポンドなど、さまざまな通貨に対する購買力平価を計算する。そして、これらの値の加重平均（データに重みをつけて平均値を計算する方法）をとる。重みは、相手国との貿易額をとる。こうして計算した値を、「実質実効為替レート」と呼んでいる。

なお、BISは、以上で述べたように消費者物価指数を用いて計算しているが、これと同じような計算を、賃金や他の物価指数を用いて計算することもできる。

現在は、固定相場制の時代と大差なし

現在公表されているBISの実質実効為替レートは、2020年を基準年として10

0とする指数であり、最近時点では67程度だ。したがって2020年に比べて、購買力が67％の水準まで下がってしまったことになる。

2010年を100とする実質実効為替レート指数で見ると、2021年頃に70程度だった。この値は、1995年には、150程度だった。だから、購買力がその頃の半分以下になったことになる。

実質実効為替レート指数が70とは、1972年頃と同じ状態だ。1970年代の初めは、1ドル＝360円の固定相場制の為替レートの時代である。

まとめれば、現在の実質実効レートは2021年より円安。そして、2021年のレートが1972年頃と同じ。そして、固定為替レート時代のレートは1972年頃よりは円安。したがって、現在と固定為替レート時代と比べてどちらが円安かは、これらの数字だけからはわからない。ただ、あまり大きな差はない。ほぼ同じだと考えてよいだろう。

本節の冒頭で、「固定相場制の為替レートの時代に比べれば、現在はまだ円高だ」という考えがあると述べた。

しかし、実質実効為替レートという尺度では、現在は、固定相場制の時代より円高だとはいえない。「現在の為替レートが危機的だ」というのは、このような意味だ。

◆第5章のまとめ

1．2024年夏の日本の株価下落率は、他国と比べて際立って高かった。それは、急激な円高が進んだからだ。それまでは円キャリー取引によって円安が進んでいたが、それが、逆転したのだ。

2．為替レートの将来値を予測することは原理的に不可能だが、市場為替レートを決める「ファンダメンタルズ」を見ることによって、見当をつけることができる。
為替レートのファンダメンタルズとして、経常収支の動向、新NISAなどによる資金流出、デジタル赤字などが挙げられることが多い。

しかし、資金額の規模からして、これらが大きな影響を及ぼしたとは、考えられない。

3．市場為替レートのファンダメンタルズは、「購買力平価」だと考えることができる。ビッグマック指数は、ビッグマックという一つの商品だけを取り上げて、購買力平価を計算したものだ。しかし、一つの商品だけでは適切な評価ができないかもしれない。

そこで、さまざまな商品やサービスの価格を考慮して、国際的な一物一価を成立させるような為替レートを計算することが考えられる。ＯＥＣＤやＩＭＦは、このような考えによって購買力平価を計算している。それによると、２０２３年の円の購買力平価は、１ドル＝90～95円程度だ。

市場為替レートは投機的取引で大きく動くが、その均衡値が購買力平価だと考えると、１ドル＝１００円程度だ。そこまで円高が進むことなどありえないと、多くの人が考えるだろう。しかし、為替レートが購買力平価より円安になるのは、歴史的に見ると、むしろ異例のことなのだ。

第6章 インフレに便乗して利益を増やす「強欲資本主義Ⅰ」

1　急増する企業利益と、停滞する賃金

企業利益と賃金に関する分析の見取り図

第6、7、8章での分析対象は、企業の利益と賃金である。これは極めて重要だが、同時に複雑で難解な問題だ。また誤解が多い分野でもある。そこで、ここで行なっている分析のおおよその見取り図を、あらかじめ示しておくことにしよう。

分析の中心は、諸条件の変化に対応して、企業がどのように行動するかだ。

第6章で分析するのは、輸入物価が高騰して原材料価格が高騰した場合だ。この場合、企業は原材料価格の上昇分を販売価格に転嫁し、最終的には消費者の負担とする。これによって企業利益が増えるが、企業は、利益増加ほどには賃金を増加させない。

第7章で分析するのは、輸入物価が下落して、原材料価格が下落した場合の企業行動だ。この場合、日本企業は原価の下落分を販売価格の引き下げに還元しない。このため企業利益が増加する。

第8章では、賃金の引き上げがどのようなメカニズムによって行なわれるかを考える。労働生産性の上昇によって賃金が上昇するのが本来の姿であるが、それには多大な努力が必要であり、費用も時間もかかる。

労働生産性の上昇なしに賃金を引き上げる場合、2つの方策がある。第一は、利益を圧縮して賃上げの原資を生み出すこと、第二は、賃上げ分を販売価格に転嫁することだ。日本でいま生じているのは、第二の方法による賃上げであり、これには大きな問題がある。

粗利益と経常利益は増加したが、人件費は増えない

春闘で高率の賃上げが実現し、「物価と賃金の好循環」が始まったと言われる。これは、法人企業統計調査のデータによって確認できるだろうか？　以下では、法人企業統計調査の2024年1〜3月期までのデータを用いて分析を行なう。分析の重点はつぎの2点だ。

1．企業の粗利益（売り上げ－原価）は、どのように変化したか？　どのような要因で、そのように変化したのか？
2．粗利益は人件費と企業利益に分配されるのだが、分配の比率はどのように変化したか？

この2点について実際に生じたことをあらかじめ述べれば、つぎのとおりだ（図表6－1参照）。

2022年1〜3月期から2024年1〜3月期までの期間において、法人企業の粗

図表6-1　粗利益、人件費、経常利益(単位:兆円)

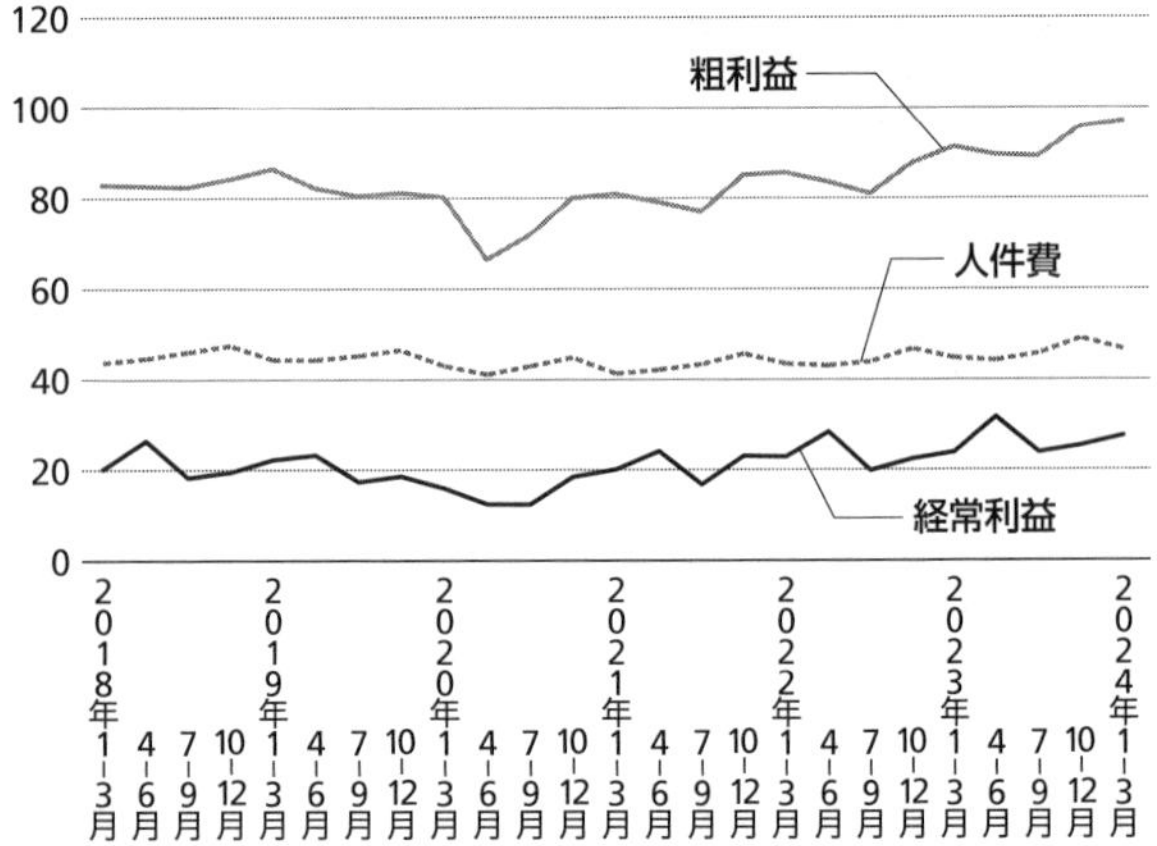

法人企業統計調査のデータより著者作成

利益は13・3%増加し、経常利益は20・1%増加した。しかし、人件費は7・3%しか増加しなかった。

では、なぜ粗利益と経常利益が増加したのだろうか?

輸入されたインフレは完全に転嫁された

2021年の1~3月期から輸入物価が急騰した。これは、原材料価格など企業の原価を引き上げた。

それを、企業は販売価格に転嫁した。

どの程度の転嫁が行なわれたかは、「GDPデフレーター」で確かめることができる。

GDPデフレーターとは、GDPについての物価指数だ。名目GDPをGDPデフレーターで割れば、実質GDPが得られる。GDPを構成する各支出項目についてデフレーターが算出され、それらの加重平均としてGDPデフレーターが算出される。

デフレーターとは、異なる時点の経済量を比較する際に、物価の変動による影響を除くための物価指数のことだ（デフレイト〈deflate〉は「しぼませる」という意味）。

ところで、GDPの計算で、輸入は控除項目だ。つまり、他の項目が変わらずに輸入が増えれば、GDPは減少する。だから輸入物価が高騰して、他の価格が変わらなければ、GDPデフレーターは、輸入物価上昇率に輸入のウエイトをかけた分だけ低下する。

しかし、輸入物価の高騰分が国内物価に完全に転嫁されれば、輸入物価の上昇率にウエイトをかけた値と国内物価の上昇率にウエイトをかけた値とがバランスして、GDPデフレーターの上昇率はゼロになる。この場合、国内物価が上昇しているにもかかわらず、GDPデフレーターの伸び率がゼロになるのだ。

図表6－2を見ると、2021年から2022年中頃にかけて、そのような事態が生

図表6-2　GDPデフレーターと輸入デフレーター（対前期比、%）

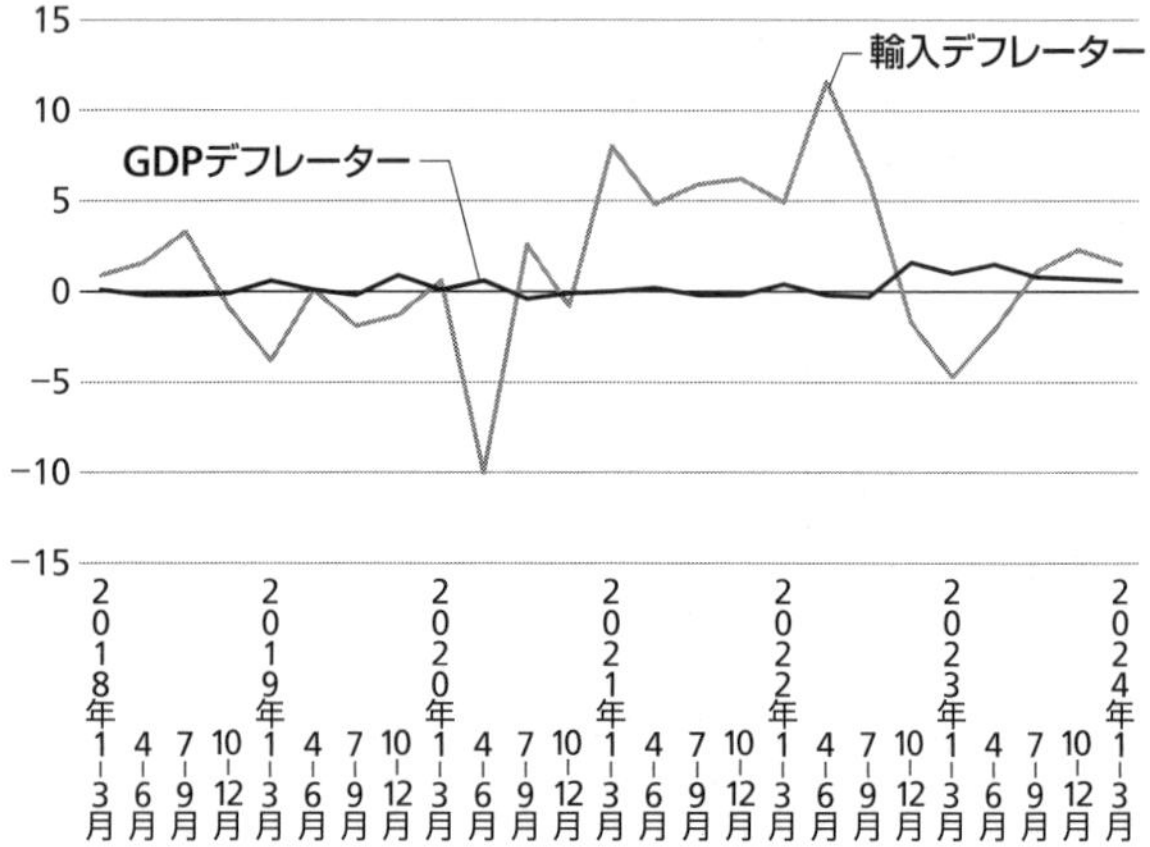

国民経済計算のデータより著者作成

じていることが分かる[注]。

それに対して、輸入物価上昇による原価上昇が不完全にしか国内物価に転嫁されない場合には、輸入物価上昇の影響が支配的になって、GDPデフレーターの伸び率はマイナスになる。

実際には、図表6－2に示すように、輸入物価が上昇したにもかかわらず、GDPデフレーターはあまり変化していない。これは、輸入物価が高騰したにもかかわらず、国内物価が影響を受けなかったことを意味するものではない。まったく逆に、輸入物価の上昇は、企業の販売価格に転嫁されて、国内物価が高騰したのである。

輸出の増加は、粗利益をどれだけ増加させたか？

以上で述べたように、企業は、原価の上昇分をほぼ完全に販売価格に転嫁したと考えられる。だから、原価の上昇は、企業の粗利益（売り上げ－原価）を減らしてはいないと考えられる。

他方で、原価の上昇が粗利益を増大させることにならないのは、明らかだ。では、なぜ粗利益は増大したのか？

考えられる一つの要因は、輸出額も円安の影響で増えたことだ。輸出数量が変わらず、またドル建ての輸出価格が変わらなくても、円安になれば、円建ての輸出額は増える。これは、企業の売り上げを増やし、粗利益を増加させる重要なメカニズムだ。

では、粗利益増加のうちどれだけが、円安に起因する輸出額の増加によるものか？

（注）図表6－2の計数は、季節調整系列の対前期比。図表6－4も同じ。

法人企業統計調査では、売り上げのうちどれだけが輸出であるかは、示されていない。したがって、右の問いに対する答えは、法人企業統計調査のデータからは分からない。

そこで、国際収支統計で国全体の輸出額を見ることにする。そして、輸出は全て法人企業によって行なわれたと仮定しよう（実際には個人や個人企業による輸出もあると思われるが、大部分が法人企業だと仮定しても、大きな誤差はないだろう）。

実際のデータを見ると、21年1～3月期から24年1～3月期までの増加額は、つぎのとおりだ。

粗利益が16兆9961億円、輸出が5兆6895億円。

つまり、粗利益増加の3分の1程度は、輸出の増加によるものだ。

企業は、輸入物価の下落を消費者に還元せず、利益を増やした

では、粗利益増加の残り3分の2の原因は何か？

一つの可能性として考えられるのは、2022年10～12月期から輸入デフレーターが低下して、GDPデフレーターが上昇したことだ。これは、図表6－2からも明らかに

読み取れる。

輸入デフレーターの低下は、世界的なインフレの沈静化と、為替レートが一時的に円高に動いたことによる。２０２３年1〜3月期には、輸入デフレーターの下落はかなり著しかった。

輸入物価が下落したのであるから、本来は、企業がこれを販売価格の引き下げを通じて、国民に還元しなければならない。そのようなことが行なわれれば、国内物価は下落したはずである。ところが、実際にはそうした還元は行なわれなかった。このため、国内物価は上昇を続けた。

これによって、企業の粗利益が増加したと考えられる。この問題は、ここでは詳しく扱わず、第7章で論じることとする。

粗利益は増加したが、人件費を据え置いたので利益が増加した

粗利益は人件費と利益に分配される(注)。

分配率を一定に保つためには、賃金も粗利益の増加率と同じ率で増加しなければならな

図表6-3　労働分配率(粗利益に占める人件費の比率、%)

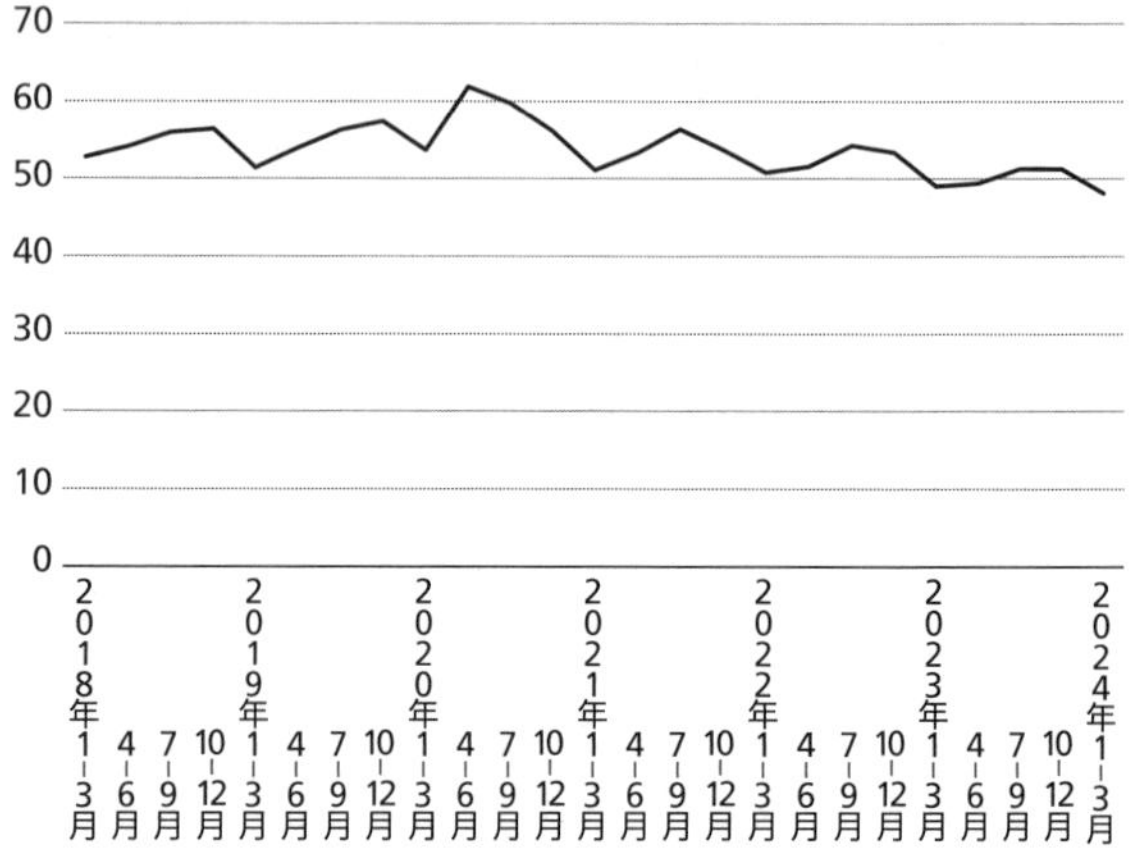

法人企業統計調査のデータより著者作成

い。しかし実際には、人件費はほぼ完全に凍結された。そして、粗利益に占める人件費の比率は低下した(図表6－3参照)。

２０２３年の春闘での賃上げ率は記録的と言われたのだが、法人企業統計調査の数字を見る限り、それによる人件費の増加は確認できない。

このために、企業の利益が増えたのだ。つまり、労働分配率が低下した結果、企業の利益が増えた。

また、輸入物価が下がったにもかかわ

(注) ただし、法人企業統計調査においては、工場労働者などの賃金は原価に計上されている。ここで「人件費」と言っているのは、これを除く部分である。

らず、企業が値下げをしなかったことの影響も大きい。

粗利益が増えたにもかかわらず、企業が人件費を増やさなかったことは、社会的な批判の対象になってしかるべきだろう。23年の春闘以降、企業が高い賃上げ率を許容したのは、粗利益が増えて経常利益が増えているという背景があるのだろう。言わば、賃金を支払う原資はあるのだ。企業は、こうした環境で、賃上げをせずに利益を増やしていることに対する社会的な批判が強まるのを恐れたのだろう。

24年の春闘でも、高率の賃上げが行なわれた。

2 大企業の利益は膨らむが、賃金は上がらず

中心概念は、粗利益

ここで行なっている分析における中心的な概念は、粗利益だ。これは売り上げから原価を差し引いたものである。付加価値と、ほぼ同一の概念だ。これが賃金と利益に分配される。円安による輸出、輸入の変化が粗利益にどのような影響を与え、それがどれだ

け賃金に分配されるかを以下に見ることとする。

ここでは、企業をつぎのように分類する。資本金10億円以上を「大企業」とする。そして、資本金2000万円以上1億円以下を「中小零細企業」とする。なお、ここで用いるデータには、金融機関は含まれていない。

高騰した輸入物価は、消費者物価など最終財価格に転嫁された

円安によって輸入物価が高騰した。輸入はGDPの計算で控除項目なので、これによってGDPデフレーターは引き下げられる。

しかし実際には、前節で見たように、GDPデフレーターの伸び率はほぼゼロだった。これは、企業が原価の上昇を販売価格に転嫁し、最終的には最終財価格にまで転嫁したからだ。

GDPデフレーターの伸びがほぼゼロということは、原価の上昇はほぼ完全に最終支出に転嫁されたことを意味する。そして、それは消費者などが負担するということになった。

図表6－4では、最終支出のうち家計最終消費のデフレーターの上昇率（これは、ほ

図表6-4　輸入と家計最終消費のデフレーター（対前期比、%）

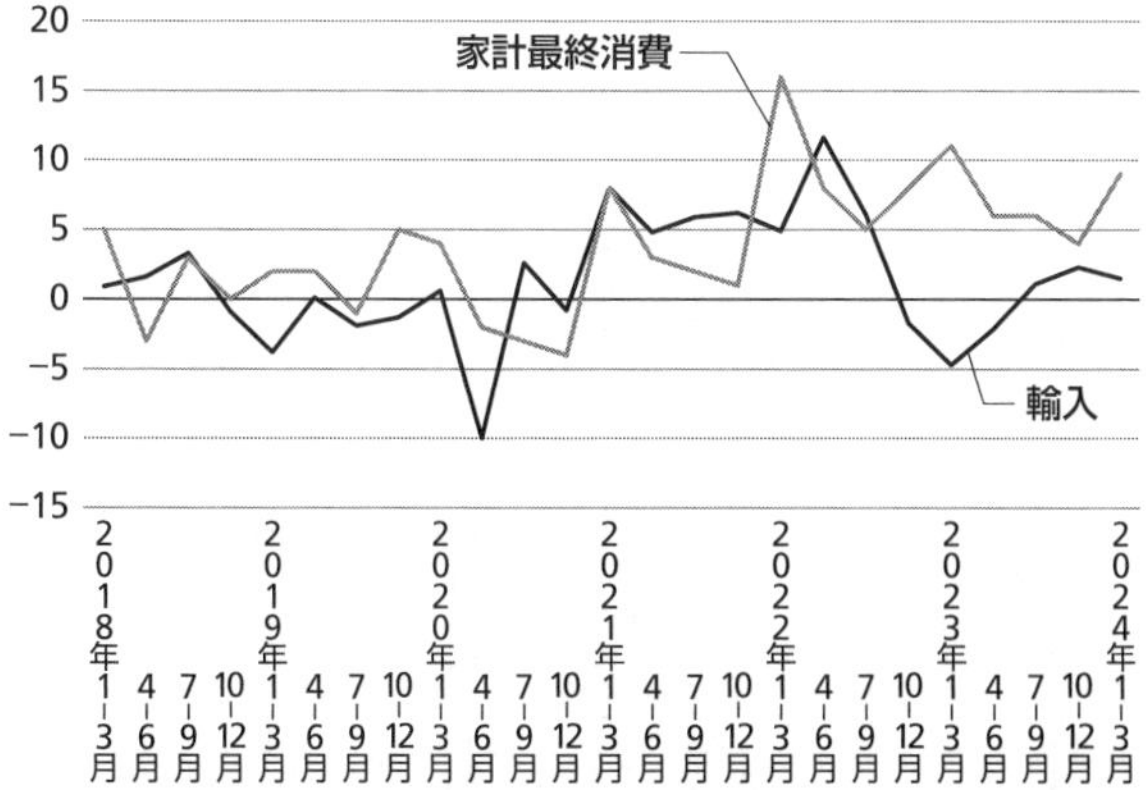

（注）家計最終消費の数値は、対前期比を10倍したもの

国民経済計算のデータより著者作成

ぼ消費者物価の上昇率に等しい）を10倍したものと、輸入デフレーターの上昇率を示している。時間のズレはあるが、2022年前半までは、両者の動きはほぼ一致している。これは、輸入物価の変化が、少し遅れて（ただし、ほぼ同一四半期中に）消費財価格に反映されたことを示している。

ただし、2022年7〜9月期から2023年1〜3月期には、輸入物価が下落したにもかかわらず、家計消費デフレーターは低下していない。これは、原価の下落を企業が販売価格引き下げに還元せず、その利益を享受したことを示している。

円建て輸出額が膨らみ、大企業の粗利益を増加させた

円安になっても、ドル表示の輸出額や輸出数量は、あまり大きな影響を受けない。しばしば、「円安になると、海外での日本製品の価格が安くなるから販売量が増加し、輸出企業にとってプラスに働く」と説明されるのだが、それは間違いだ。

現地価格は円レートの影響はあまり受けず、円安になれば、円表示の輸出額が増加し、日本の輸出企業の売り上げが円表示で増加するのだ。

前項で述べたように、円安による輸入物価の上昇分は販売価格に転嫁されるので、粗利益にはあまり影響を与えない。このため円安になると、輸出額の増加によって、企業の粗利益が自動的に増加するのである。

ただし、これは帳簿上の変化であって、日本における現実の生産活動には影響を及ぼさない。実際、鉱工業生産指数は、円安になってもほとんど上昇しておらず、むしろ低下気味だ。

図表6-5　輸出額と大企業の粗利益(単位:兆円)

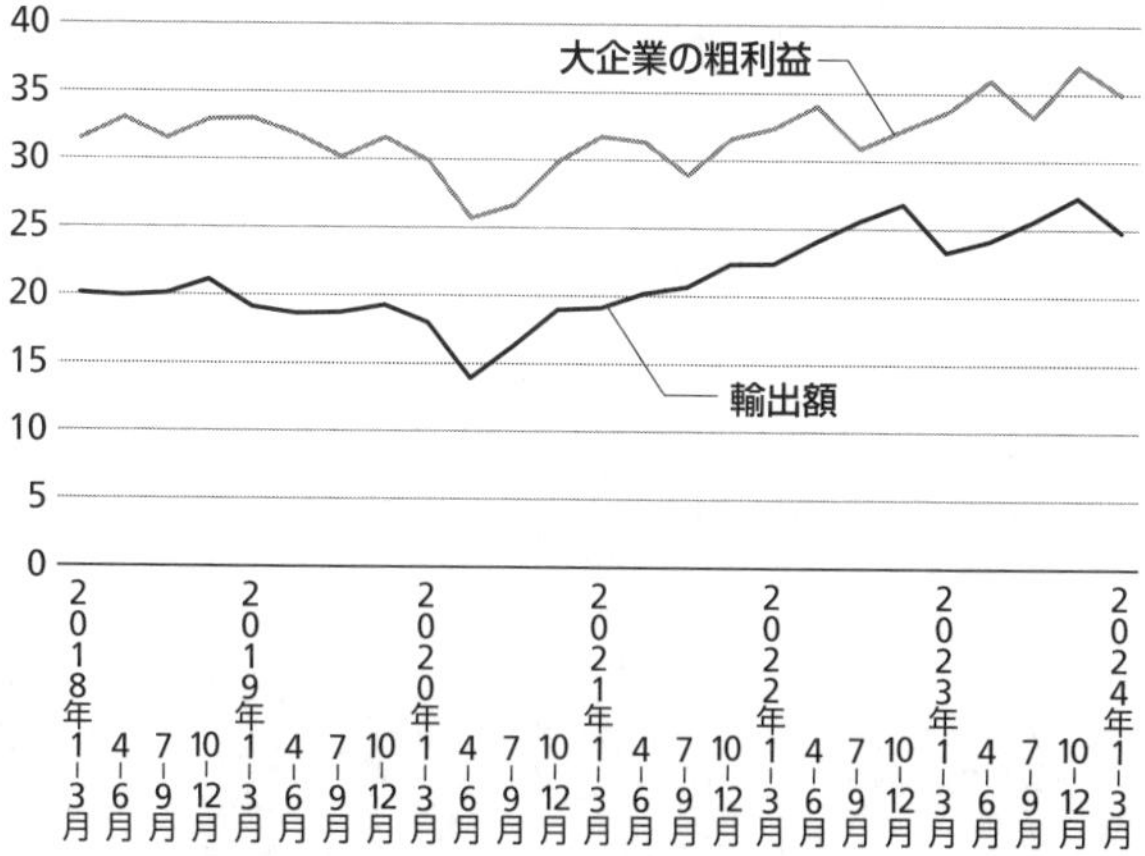

法人企業統計調査と国際収支統計のデータより著者作成

輸出は主として大企業が行なっているため、この効果は大企業において顕著に生じると考えられる。そこで、図表6－5では、大企業の粗利益と日本全体の輸出額の関連を示した。

これらの動向は、ほとんど一致している。とくに２０２０年10～12月期以降は、輸出額の増加に伴って粗利益が増加し、両者の差はほとんど不変だ。つまり、この期間の大企業の粗利益の増加は、ほとんどが輸出額の増加によるものと考えることができる。

なお、商社が行なっている海外投資からの収益も、円安になると、円換算で増加する。これも大企業の粗利益増大に寄与していると考えられる。

大企業の経常利益が顕著に増加、人件費は微増

粗利益が増加したにもかかわらず、図表6－6に見られるように、大企業は人件費をほぼ一定に保った。このため、大企業の経常利益が顕著に増大した。

2024年1～3月期の値を20年同期と比べた増加率は、粗利益は17・6％であるのに対して、人件費は9・8％でしかない。そして経常利益の増加率は、45・4％にもなる。したがって、労働分配率は低下したことになる。

中小零細企業では、図表6－7に見られるように、2023年までは、粗利益があまり顕著には増加していない。したがって人件費も経常利益も、ほとんど横ばいだった。

23年の春闘では画期的な賃上げが行なわれたと言われるのだが、以上のように、法人企業統計調査のデータでは、その影響が見られない（なお23年よりさらに画期的と言われる24年春闘の影響が、法人企業統計調査のデータにどのように反映されるかは、本稿執筆時点では分からない）。

図表6-6　大企業の粗利益・経常利益・人件費(単位:兆円)

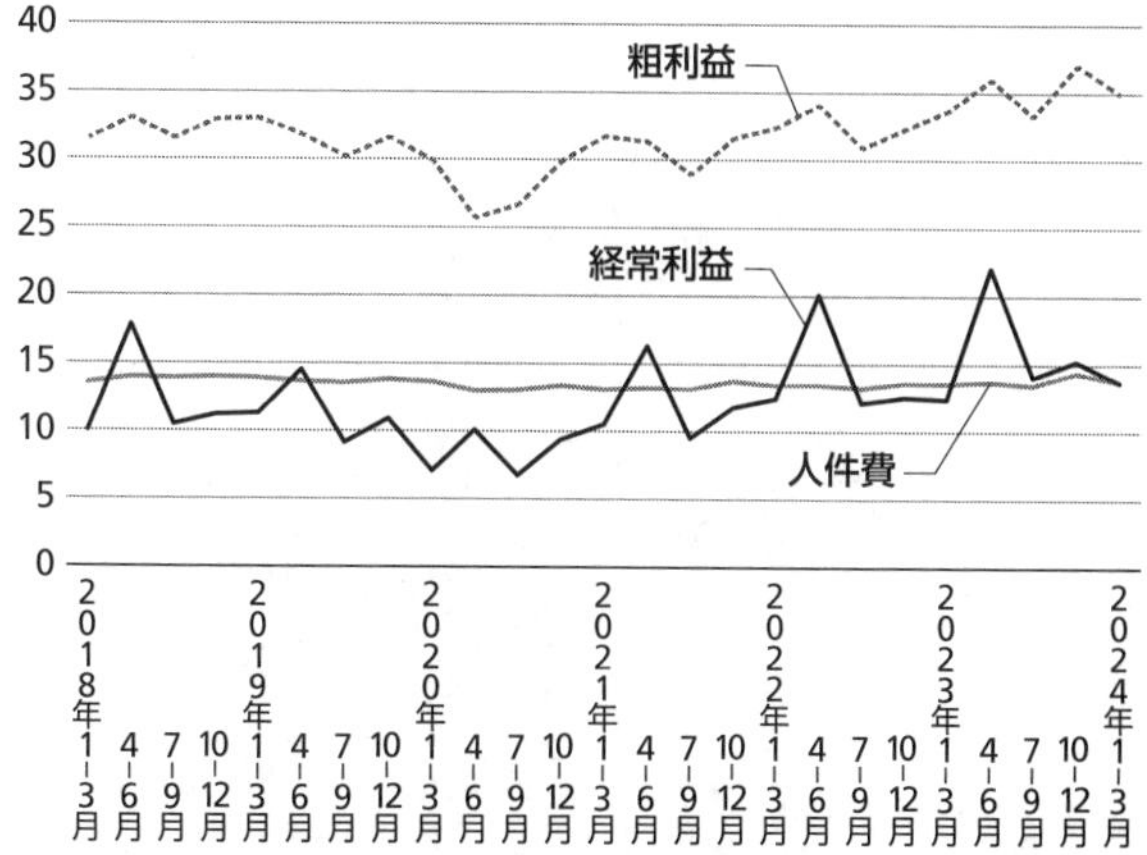

法人企業統計調査のデータより著者作成

図表6-7　中小零細企業の粗利益・経常利益・人件費(単位:兆円)

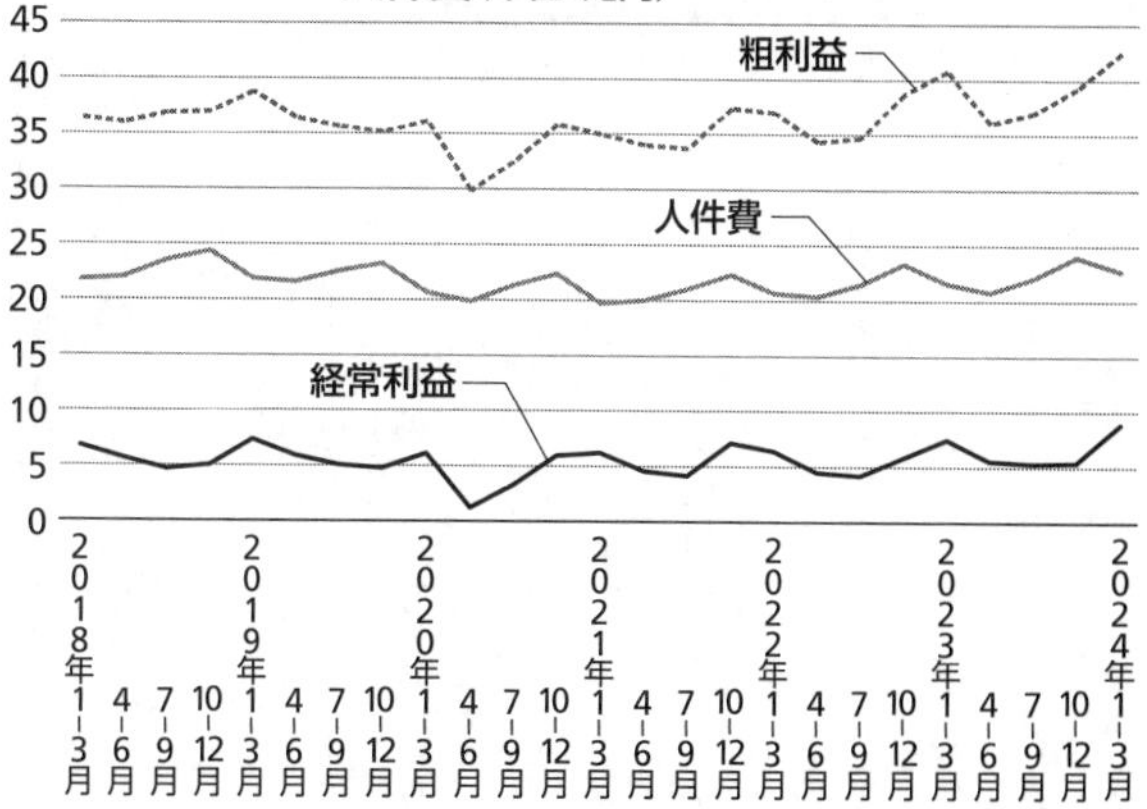

法人企業統計調査のデータより著者作成

中小零細企業の従業員は、物価上昇の影響だけを受ける。物価上昇により実質所得が減る。中小零細企業の従業員は、大企業の従業員よりはるかに多い。賃金の上がらない人のほうがはるかに多いのだ。

このように円安は、所得分配上の深刻な問題を引き起こしている。

中小零細企業は賃上げする力を持っていない

国民経済計算における家計消費は、ほぼ減少を続けている。また、鉱工業生産指数もほとんど停滞している。

このように経済活動が停滞して、物価が上昇しているのだから、これは典型的なスタグフレーションだと言える。

「賃金が上昇すれば、消費が増えるだろう」という考えがあるかもしれない。しかし、賃金を増やすための必要条件は、粗利益が増加していることだ。これまで見たように、大企業の粗利益は増加しているが、中小零細企業の粗利益は、そうではない。したがって、中小零細企業は、そもそも賃上げをする力を持っていないと言える。

政府は、人件費の上昇分を販売価格に転嫁して中小零細企業も賃上げができるように指導しているが、こうした転嫁がスムーズに実現できるとは考えられない。

仮にできたとしても、それでは、消費者物価が上がってしまい、コストプッシュ・インフレを加速するだけのことだ。経済状況を改善することにはならない（この問題については、第8章で詳しく論じる）。

必要なのは、為替レートを安定させて、これまで生じたような急激な輸入物価の変動を抑えることだ。

3 「日本版強欲資本主義」の実態

「賃金上昇」とは大企業でのこと

画期的な賃上げが実現していると言われる。しかし実際には、その恩恵にあずかっていない人も多い。そこで、法人企業統計調査を用いて、日本企業の賃上げの実態を分析しよう。

図表6-8　従業員一人当たりの人件費（単位：百万円）

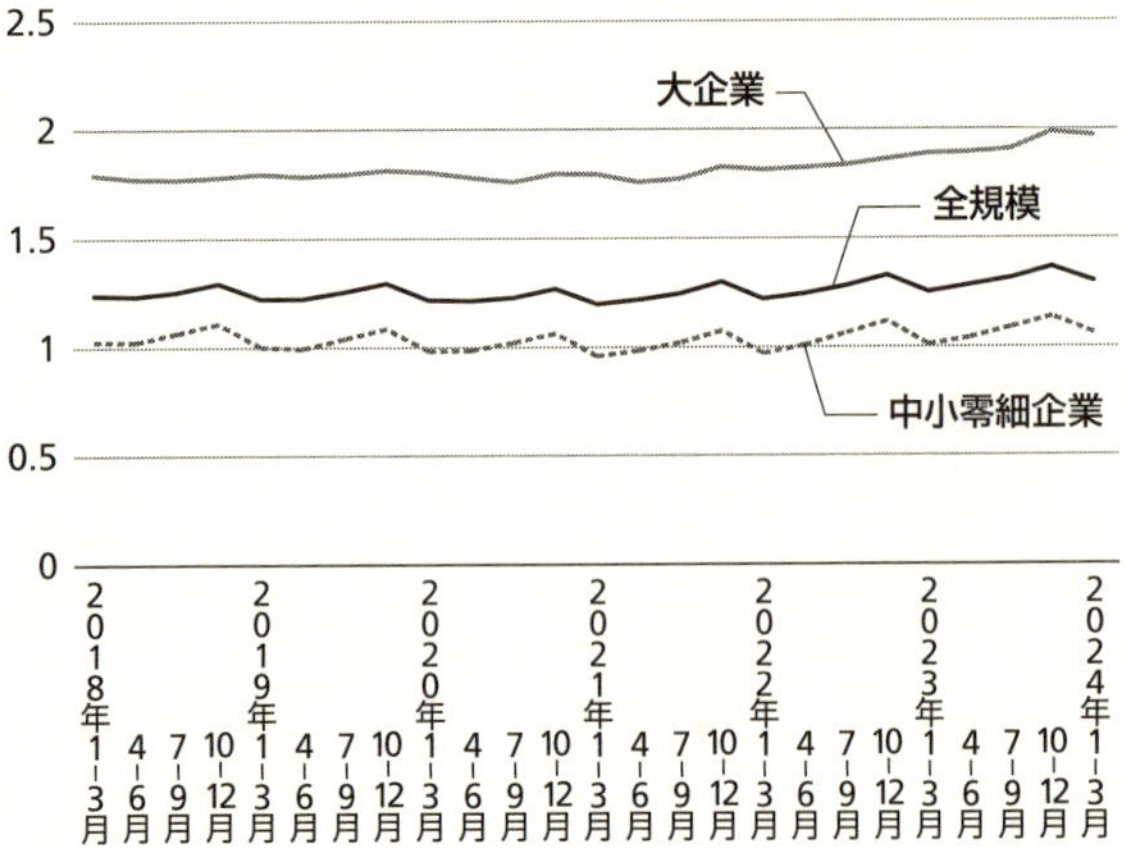

法人企業統計調査のデータより著者作成

以下では、従業員一人当たりの人件費を「賃金」と呼ぶことにする。（注）そして、「全規模」、「大企業」（資本金10億円以上）、「中小零細企業」（資本金1000万円以上1億円未満）の区分で分析する（なお、このデータに金融機関は含まれていない）。

2018年1～3月期から24年1～3月期までの推移を示すと、図表6－8のとおりだ。賃金水準は、大企業が最も高く、中小零細企業が最も低い。そして、全規模がその中間になる。

（注）「人件費」は四半期当たりの支払い額であるから、ここでいう「賃金」は、従業員一人当たり、四半期当たりの支払い額である。図表6－9、6－10も同じ。

どの範疇《はんちゅう》でも、全期間を通じてあまり大きな変化は見られないが、大企業は2022年以降、緩やかに上昇している。それに対して中小零細企業、全規模では、変動を繰り返しており、はっきりした上昇傾向は見られない。

24年1〜3月期の水準を19年同期と比べると、大企業では1・1だが、中小零細企業では1・03にとどまる。全規模では1・05だ。これでは、ここ数年の物価上昇にとても追いつかない。

つまり、賃金が上昇しているというが、それは大企業のことであって、経済全体では顕著な賃金上昇は生じていないことが分かる。

賃金水準にはもともと企業規模による格差があり、しかも伸び率でも格差があるのだから、企業規模による賃金格差は拡大した。大企業の賃金水準は中小零細企業の賃金水準を1とすると、18年1〜3月期には1・74だったが、24年1〜3月期には1・85に拡大した。

以上はしばしば指摘されることだが、法人企業統計調査の数字によっても、それが裏づけられたことになる。

大企業は販売価格に転嫁できるが、中小零細企業はできない

前項で述べた企業規模による違いが発生するのはなぜか？

以前からあった賃金水準の差は、「資本装備率（従業員一人当たりの固定資産額。固定資産とは、工場や機械など）」の差で説明できる。大企業では資本装備率が高いのに対して、中小零細企業では低いのだ。

しかし、資本装備率は数年の間に大きく変化するわけではないので、ここ数年の賃金上昇率の差は、資本装備率によっては説明できない。

そこで、従業員一人当たりの粗利益（売上高－原価）の推移を見ると、図表６－９に示すように、大企業で顕著に増加していることが分かる。２０２０年頃には４００万円程度であったものが、２０２４年では５００万円程度になっている。この間に、約２割増加したことになる。これは著しい増加だ。

では、なぜ大企業の粗利益が増加したのか？

大企業でここ数年のうちに粗利益が大きく増加したのは、インフレーションの中で、販売価格を原価の上昇分以上に引き上げたからだろう。これは、取引における立場が強

図表6-9　従業員一人当たりの粗利益(単位：百万円)

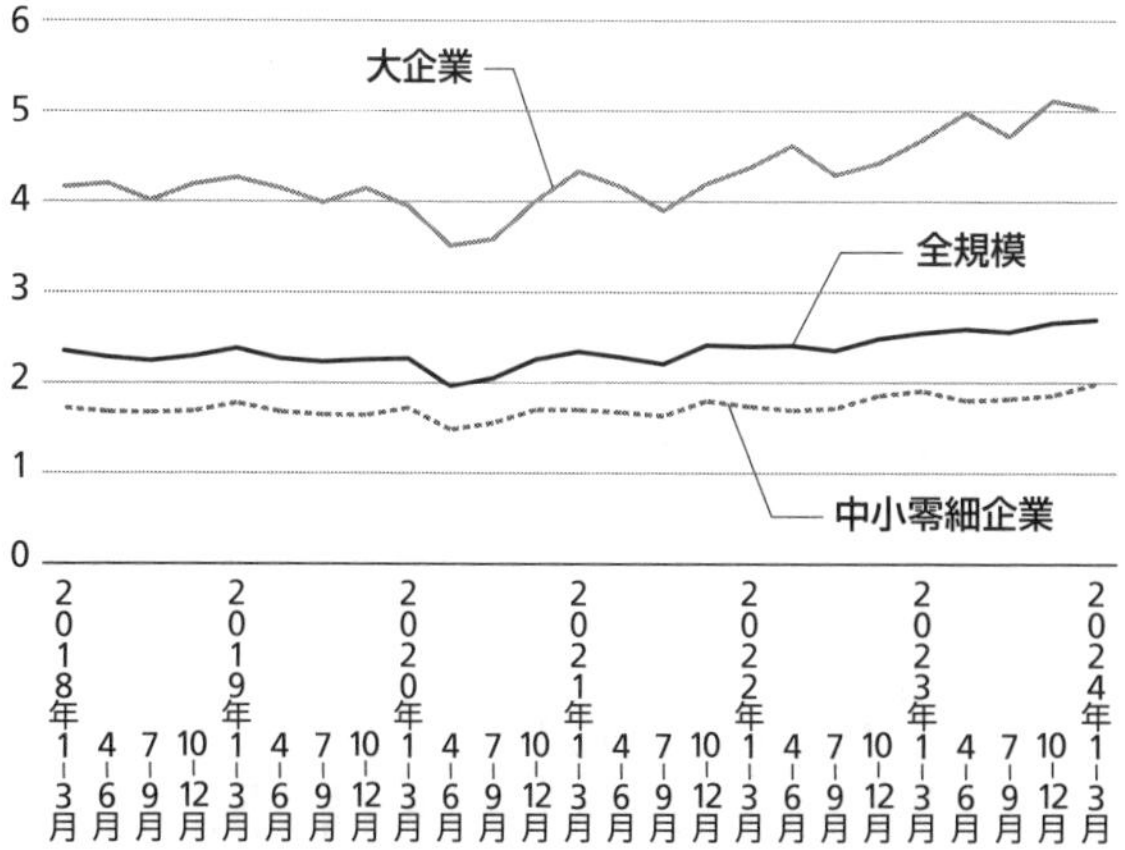

法人企業統計調査のデータより著者作成

いために可能になったことだ。

それに対して、中小零細企業では、原価の上昇に見合う分しか販売価格を引き上げられなかった。これは、取引上の立場が弱いためだ。

賃金の原資になっているのは、粗利益だ(注)。大企業においては、これが図表6－9に見るように顕著に増加したことが、賃金を上げさせたのだ。

まとめれば、つぎのとおりだ。大企業

(注) 正確に言うと、法人企業統計調査においては、工場労働者などに対する賃金の一部が「原価」に含まれている。ここで「賃金」というのは、それら以外の賃金だ。

図表6-10　粗利益に対する人件費の比率(%)

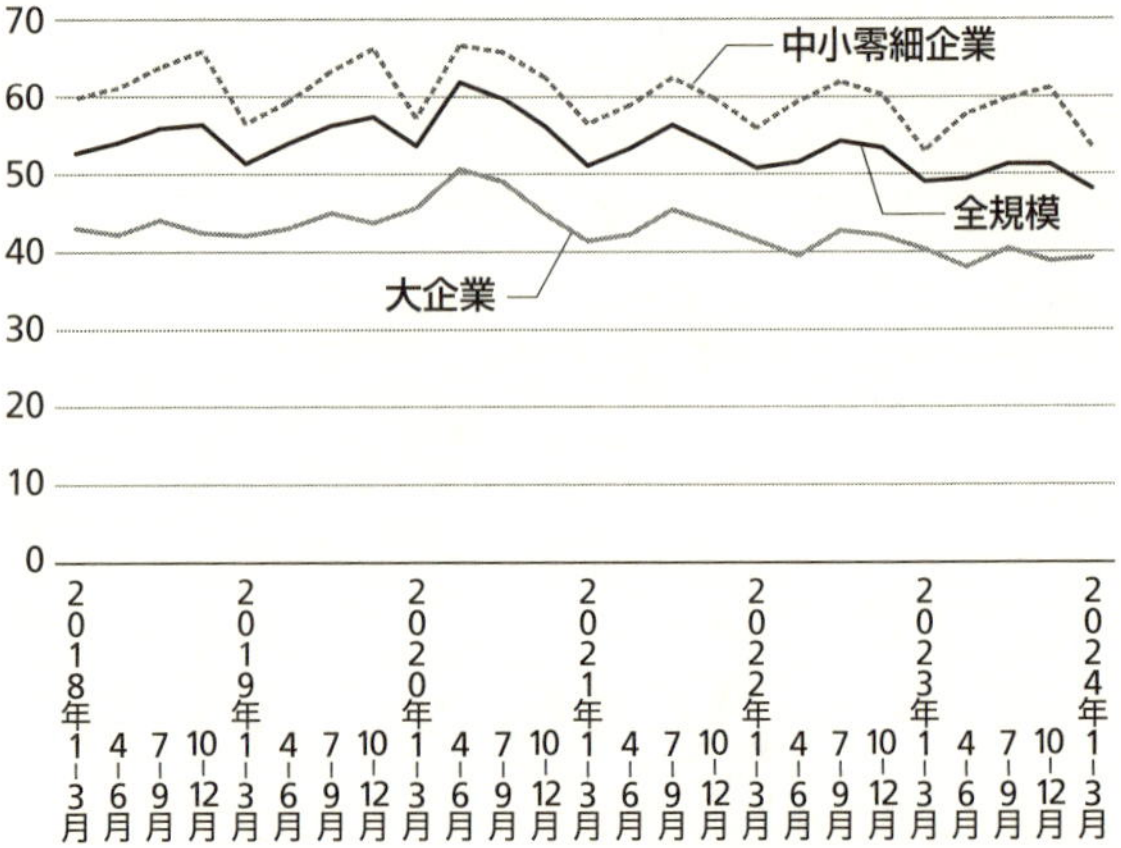

法人企業統計調査のデータより著者作成

は取引上、強い立場にあるため、原価の上昇以上に販売価格を引き上げ、従業員一人当たりの粗利益を増加させ、賃金を引き上げた。しかし、中小零細企業は原価の上昇以上に販売価格を引き上げることができず、そのため、賃金を引き上げることができなかった。

労働分配率が低下

前項で、「賃金の原資は粗利益だ」と述べた。粗利益は、企業利益にも分配される。では、分配率はどのように変化しただろうか？

それを知るために、粗利益に対する人

件費の比率（これを「労働分配率」と呼ぶことにする）を見よう。結果は、図表6－10に示すとおりだ。

20年以降の推移を見ると、どの範疇でも低下している。18年1〜3月期と2024年1〜3月期を比べると、大企業は43・1％から39・2％に、全規模では52・7％から48・1％に、中小零細企業では59・8％から53・4％に、それぞれ低下している。

2020年1〜3月期と2024年1〜3月期を比べても、どの範疇でも低下している。

日本でも「強欲資本主義」：大企業の経常利益は4年間で2倍に膨張

以上で見たように、労働分配率が低下しているので、企業の利益は粗利益の動向によらず、増加した可能性が高い。大企業と全規模では、粗利益が増加して労働分配率が低下しているのだから、利益は著しく増加したはずだ。

実際、法人企業統計調査のデータで2020年の1〜3月期と24年の1〜3月期の経常利益を比べると、全規模では1・72倍、中小零細企業では1・45倍、そして大企

図表6-11　経常利益の推移（単位：兆円）

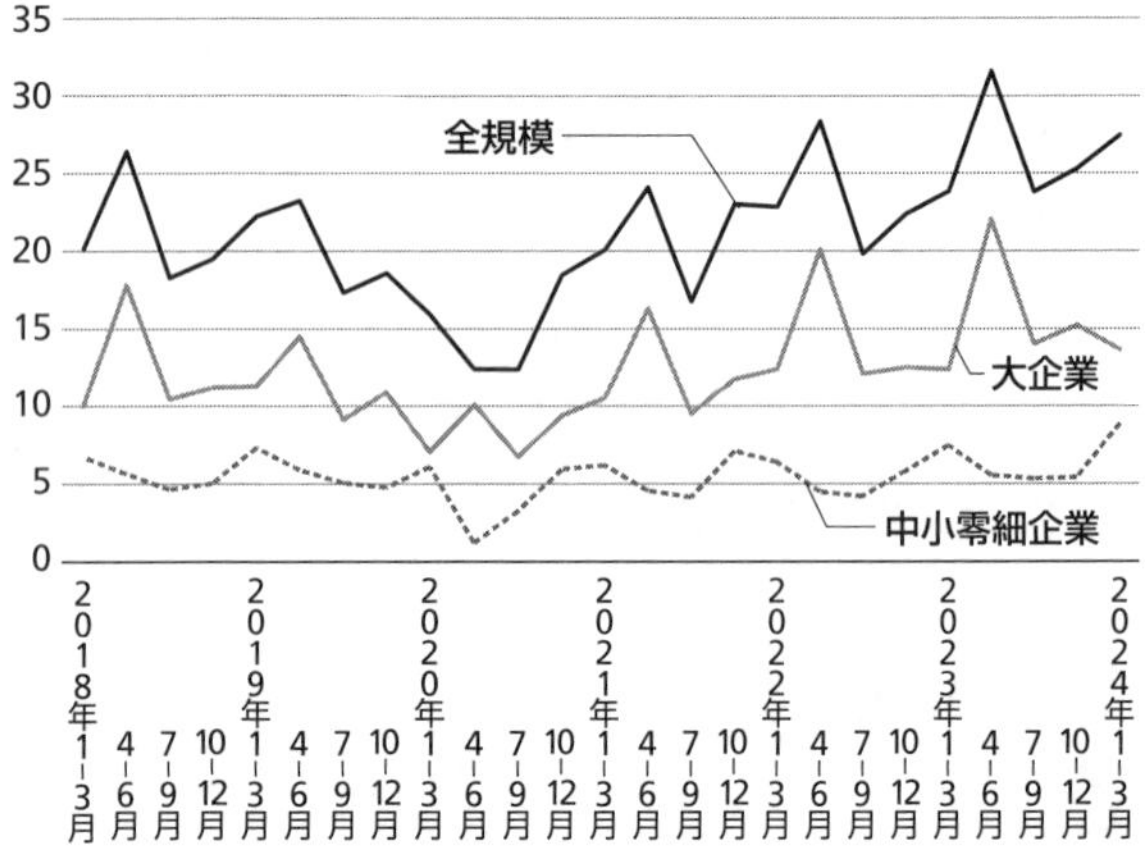

法人企業統計調査のデータより著者作成

業では1・94倍に増加している（図表6－11参照）。

ヨーロッパ諸国では、インフレの中で企業利益が増大したことが、「強欲インフレ」だとか「強欲資本主義」だとして非難された。日本でも同じことが言える。とくに大企業と全規模では、従業員一人当たりの粗利益が増加しており、これは販売価格引き上げによる面が大きいので、消費者の負担において企業利益を増加させたと言うことができる。

23年の春闘以来、賃金の上昇が顕著だと言われる。賃金の引き上げが販売価格に転嫁されれば、「消費者の負担による賃上げ」が行なわれることになる。これは、決して望ましいことではない。

賃金の動向だけを見るのではなく、いかなるメカニズムで賃上げが可能になっているかを見ることが重要だ。

◆第6章のまとめ

1．企業は、円安による原価の上昇分をほぼ完全に販売価格に転嫁した。これは、GDPデフレーターがほとんど上昇しなかったことから分かる。円建て輸出額が円安によって増えたので、粗利益が増えた。そして人件費を凍結したので、利益が増加した。

2．大企業では粗利益が増加して、経常利益が著しく増加した。こうなったのは、円安による輸入物価の上昇分を販売価格に転嫁したからだ。この効果は中小零細企業では働いておらず、経常利益も停滞気味だ。そして、大企業でも中小零細企業でも、粗利益に対する人件費の比率は低下している。

3. 賃金が上昇しているのは大企業でのことであり、中小零細企業では、賃金は停滞している。これは、中小零細企業は賃上げ分を取引の次段階に転嫁できないからだ。どの範疇でも、労働分配率は低下している。

最近の大企業の利益増加は著しい。消費者の負担において利益を増加させる「強欲資本主義」が、日本でも見られる。

第７章　輸入物価の下落を還元しない「強欲資本主義Ⅱ」

１　企業が輸入物価下落を還元せず、利益を増大させた

実質ＧＤＰがマイナス成長

２０２４年４～６月期のＧＤＰ速報によれば、24年１～３月期の実質ＧＤＰは、季節調整済み対前期比が年率でマイナス２・４％だった。

家計消費、住宅投資、設備投資などは、デフレーターが上昇し、実質支出の伸びがマイナスになった。家計消費は、４期連続のマイナス成長だ。

つまり、値上がりに対して、国民が“No”を突きつけているわけだ。物価が上がる一方で経済が停滞するのだから、第6章の2で述べたように、これは文字どおりのスタグフレーションだ。

内需で増加したのは、公共投資、政府最終消費など政策的に決められる支出と「在庫投資」だ。在庫投資の増加とは、要するに「売れ残りが増えている」ということだから、この増加率が高いのは、他の需要の落ち込みを表わしている。日本経済は、コロナによる落ち込みからは回復したが、そこで止まってしまって、停滞を続けていることになる。

なぜ大企業の経常利益が増えたのか?

家計消費が減るのは、家計の実質所得が減少しているからだ。これは、賃金の上昇以上に物価が上昇していたからだ。

他方で、企業利益が増大していることが、法人企業統計調査によって確認できる(第6章参照)。大企業の経常利益は、記録的な高水準になっている。需要が落ち込んでいる中で、大企業の利益だけが膨らんでいるのだ。なぜこのようなことが起こっているかを明らかにし、それに対処することが、いまの日本経済にとって重要な課題だ。

まず注意すべきは、経常利益が増えているのは、大企業（資本金10億円以上の企業）であることだ。中小零細企業（資本金1000万円以上1億円未満）では、ほとんど増えていない。

大企業で経常利益が増えたのは、粗利益（売り上げ－原価）が増えたからである（2021年1～3月期から2024年1～3月期の間に、大企業の粗利益は約3兆円の増加）。粗利益は、人件費と利益に分配されるが、人件費をほとんど増やさなかったために、経常利益が増加したのだ。

では、なぜ粗利益が増えたのか？ それは、2023年頃からの輸入物価の下落分を、企業が販売価格の引き下げに還元しなかったからである。

具体的には、つぎのとおりだ。円ベースの輸入物価は、2021年、22年と上昇を続けたが、22年の10月にピークになり、23年の中頃まで下落した。

この結果、日本全体の輸出・輸入が、図表7－1に示すように変化した。

2021年までは、輸出の変動に合わせて、大企業の粗利益が変動していた。粗利益

図表7-1　大企業の粗利益と国全体の輸出入額（単位：兆円）

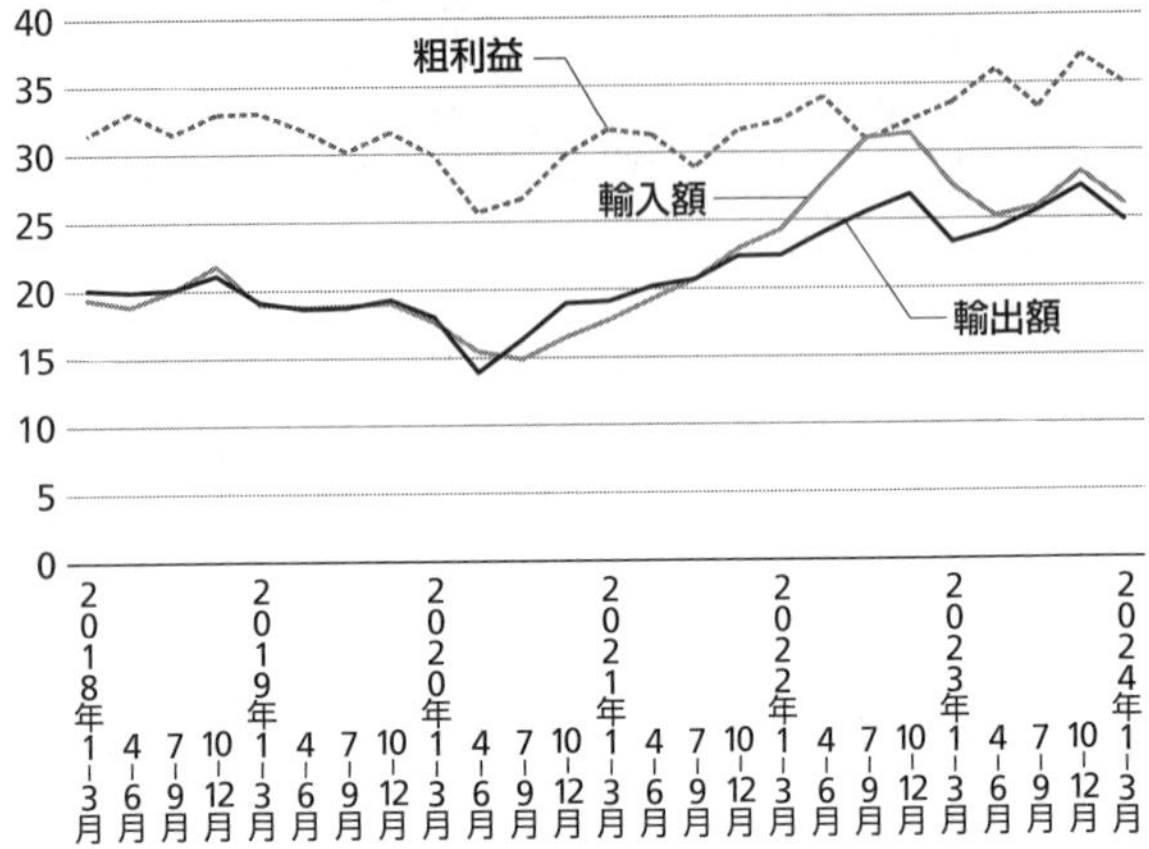

法人企業統計調査と国際収支状況より著者作成

の増減額は、輸出の増減額にほぼ等しかった。これは、2021年までについては、つぎの2つの仮説が正しい（正確に言えば、棄却されない）ことを示している。

（1）輸出は、ほぼ大企業が行なっている。

（2）輸入物価の変動は大企業の販売価格に転嫁されるので、輸入額の増減は、大企業の粗利益に影響を与えない。

（3）大企業の粗利益は、輸出額の増減とほぼ同額だけ増減する。

右の3点は、なぜ大企業が円安を望むのかを説明している。まず円安になると、円建ての輸入価格が上昇するが、（2）によって、粗利益には影響が及ばない。一方、円安になると、円建ての輸出額が増大する。このため、（3）によって粗利益が増大するのだ。

輸入物価の下落が消費者に還元されなかった

図表7－1に示すように、2021年から輸入額が大きく増えたが、大企業の粗利益はあまり減らなかった。これは前項の（2）によって、大企業が輸入物価上昇分を販売価格に転嫁したからだ。

ところが、2023年1〜3月期から、状況がそれまでとは変化した。世界的インフレの沈静化と、円安が一時的に収まって円高が進んだことによって、輸入額が減少したのだ。また、輸出額も減少した。

輸出額の減少は、前項の（3）によって大企業の売り上げを同額だけ減少させるから、大企業の粗利益を同額だけ減少させる。

重要なのは、輸入物価下落に対する大企業の対応だ。大企業は、輸入物価が上昇したときには、それを販売価格に転嫁して、粗利益が変わらないようにしてきた。輸入物価下落時にもこれと同じ行動をとったのであれば、輸入額の減少に対応するだけ販売価格を引き下げ、粗利益は一定に保たれたはずだ。

しかし実際には、大企業はそのような行動をとらなかった。つまり、原材料価格の低下分を販売価格の引き下げに還元しなかったのである。これによって、大企業の粗利益は増大した。

輸入物価の下落を販売価格に還元しないので、原価の低下分だけ粗利益が増加する。結局、輸入減少額−輸出減少額だけ、大企業の粗利益が膨らむことになる。

こうして輸入物価が下落したにもかかわらず、粗利益はむしろ増加した。つまり、これまでとは異なる事態が発生したことになる。

繰り返すが、これは輸入物価の大幅な下落という事態に対して、企業が販売価格を引き下げなかったために生じたことだ。

数字で示すと、つぎのとおりだ。2022年10～12月期と23年4～6月期とを比較すると、輸入は6兆1844億円減少した。一方で、粗利益は3兆7061億円増加した。また、輸出は2兆6621億円減少した。「輸出入の差額の変化＝3兆5223億円」は、ほぼ粗利益の増価額に等しい。

繰り返せば、つぎの仮説が正しい（正確に言えば、棄却できない）ことになる。

（1）22年10～12月期と23年4～6月期の間に、世界的インフレの沈静化と円安の進行停止（ないしは、一時的な円高の進行）によって、円建ての輸入物価が下落し、輸入額が大きく減少した。

もし企業が、輸入物価下落分を販売価格に反映させたならば、粗利益は不変だったはずだ。しかし、そうしたことを行なわなかったので、大企業の粗利益が輸入額減少分の6兆1844億円だけ増大した。

（2）他方で、輸出額は2兆6621億円減少した。輸出は、企業の売り上げの一部なので、売り上げが2兆6621億円減少し、粗利益も2兆6621億円減少した。

（3）右記の（1）と（2）により、企業の粗利益が3兆5223億円だけ増加した。

これは、実際の増加額3兆7061億円とほぼ等しい。

国際収支状況と法人企業統計調査という性格の異なるデータを関連づけて、以上のように重要な結論が得られたのは、驚くべきことだ。

強欲資本主義Ⅱ

第6章の3で述べたように、世界的なインフレの中で、「強欲資本主義」ということがヨーロッパで言われた。

これは、インフレによって企業の付加価値が増大したとき、企業はそれを従業員の給与引き上げに充てず、もっぱら企業利益に回したことへの批判である。

前項で述べた日本企業の行動は、これとは若干違う意味ではあるが、企業が消費者や従業員のことを考えず、利益の増大を求める行動をしているという意味で、一種の強欲資本主義だと考えることができる。これを「強欲資本主義Ⅱ」と呼ぶことができるだろう。

前項で述べたことを、この言葉を使って言えば、つぎのようになる。

企業が輸入物価の上昇を販売価格に転嫁するのはやむをえないかもしれない。しかし、そうであれば、円高の過程では、販売価格を引き下げることによって、利益を消費者に還元すべきだ。2022年10月以降の円高過程でそれをしなかったという意味で、日本企業の行動原理は「強欲資本主義Ⅱ」と表現することができる。

今後の円高進行の過程で、こうした行動を許さないことが重要だ。つまり、輸入物価の下落を消費者物価引き下げに還元するよう、求める必要がある。

こうした状況において本来必要なのは、以上のメカニズムで増加した法人所得を、臨時の特別法人税で吸収し、それを消費者に還元することである。

だが、こうした政策は、現実の世界では極めて難しい。現在の日本の政治環境で、こうしたことができるとは、とても思えない。

したがって重要なことは、輸出企業の利益が、消費者の負担によって増大しているという認識を広げることだ。そうした見方が広がれば、企業に利益の還元を求める圧力が高まるだろう。

2 なぜGDPデフレーターが急上昇したのか?

輸入物価の上昇は、GDPデフレーターを低下させる

これまで国外要因によって決まっていた日本の消費者物価が、国内の賃金や企業利益によって影響されるようになるかどうかに関心が集まっている。

この問題を分析する際に、第6章の1で説明したGDPデフレーターは強力な道具になる。しかし、GDPデフレーターの解釈については、誤解も多い。そこで以下では、GDPデフレーターの仕組みと最近の動向について説明することにしよう。

第6章の1で述べたように、輸入物価の高騰分が国内物価に完全に転嫁されれば、GDPデフレーターの伸び率はゼロになる。それに対して、輸入物価上昇分が不完全にしか国内物価に転嫁されない場合には、GDPデフレーターの伸び率はマイナスになる。

日本では、これまで輸入物価の上昇はほぼ国内物価に転嫁されており、それが物価を上昇させる主たる要因だった。

以上とは逆に、輸入物価が下落したとしよう。輸入物価の下落分が完全に国内物価に

図表7-2　GDPデフレーターの対前年同期比（%）

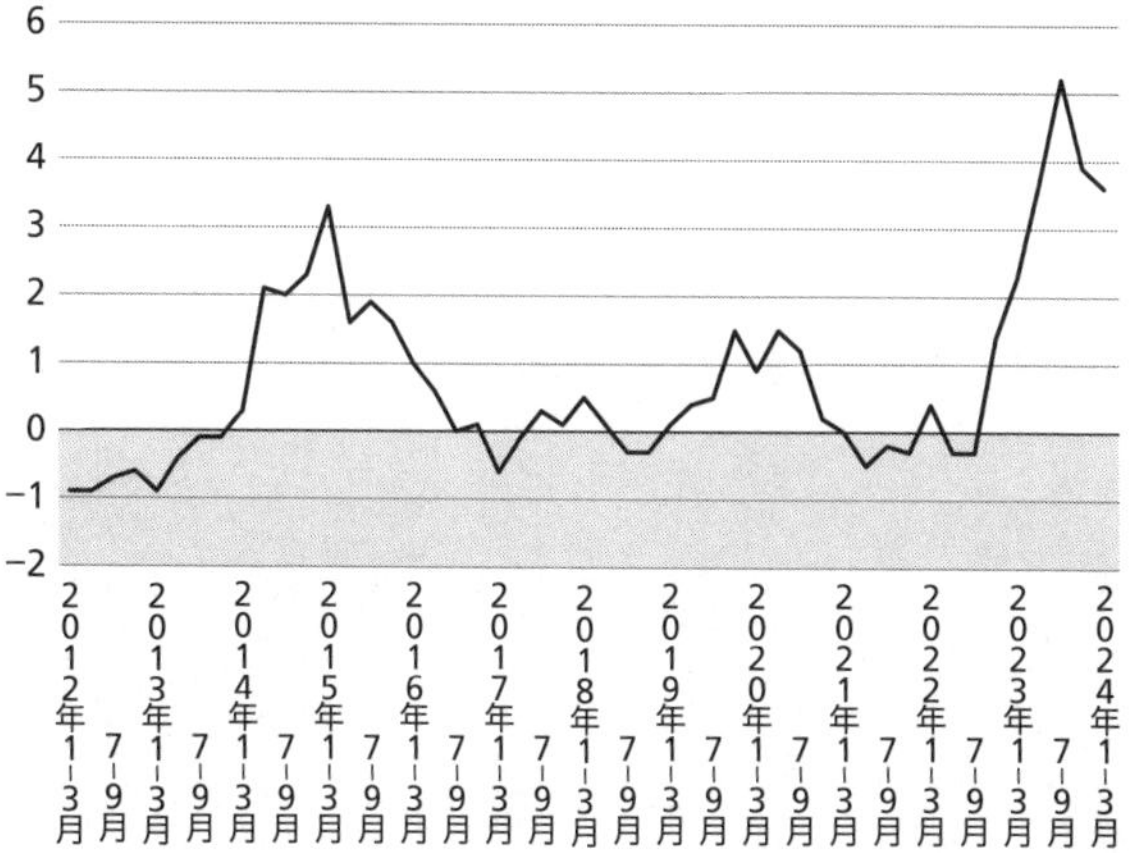

国民経済計算のデータより著者作成

還元されれば、国内物価が下落し、ＧＤＰデフレーターの伸び率はゼロになる。

しかし、輸入物価が下落しても、それが不完全にしか還元されなければ、ＧＤＰデフレーターの伸び率はプラスになる。

輸入物価が下落しても、国内物価は下がらなかった

実際のデータを見ると、図表７－２のとおりだ。日本のＧＤＰデフレーターの対前年同期比は、２０１７年以降、多くの時点でほとんど１％以下であった。

しかし、23年第３四半期に、５％に急上昇した。

これは、輸入物価が下落した影響だ。円ベースでの輸入物価は21年の秋以降、急上昇していたが、23年の4月から12月まで、対前年同月比がマイナスになったのだ。

ところが、国内物価は下がっていない。つまり、輸入物価の下落にもかかわらず、国内物価が上昇を続けた。このため、GDPデフレーターが急上昇したのだ（なお、このような変化は、図表6－2に示した対前期比でははっきり見てとれない）。

国内要因によるインフレが起きていると言えるか？

「GDPデフレーターは、国内要因による物価変動だけを表わしている」と説明される。しかし、この表現は誤解を招きやすいので、注意が必要だ。

正確には「輸出入物価の変動は、国内価格に完全に転嫁されれば、GDPデフレーターに影響を与えない」と言うべきだ。すでに見たように、輸入物価の動向は、これまでGDPデフレーターに大きな影響を与えてきたのである。

また、GDPデフレーターの上昇は、企業が輸入物価の下落を還元していないことから生じているのだが、それは、日本企業が自らイニシアチブをとって起こした現象ではなく、輸入物価が低下したにもかかわらず、販売価格を変化させないことによって生じている。いわば、何もしないことによって生じている。企業は積極的に行動したわけではないので、これを「ホームメイド・インフレ（国内要因による物価上昇）」と言えるのかどうかは、疑問だ。

本来の意味のホームメイド・インフレとは、企業が、利益の拡大、または賃上げのために、積極的に販売価格を引き上げることだと解釈すべきだろう。このようなことが起きているのかどうかは第8章で検討する。

単位労働コストとは何か？

ＧＤＰは、消費や投資のような支出面から見ることができるが、分配面から見ることもできる。そして、つぎの関係が成り立つ。

支出面のＧＤＰ＝雇用者報酬＋企業所得＋資本減耗引き当て（減価償却）――①

①式の両辺を実質ＧＤＰで割ると、つぎの式が得られる（以下では、主として伸び率を問題とするため、資本減耗を無視する）。

支出面のＧＤＰ÷実質ＧＤＰ＝名目雇用者報酬÷実質ＧＤＰ＋名目企業所得÷実質ＧＤＰ――②

②式の右辺の第1項（名目雇用者報酬÷実質ＧＤＰ）を、「単位労働コスト（ユニット・レイバー・コスト、ＵＬＣ）」と呼ぶ。これは「1単位のモノを生産するのに必要な賃金」のことだ。第2項（名目企業所得÷実質ＧＤＰ）を「単位利益（ユニット・プロフィット、ＵＰ）」と呼ぶ。また、左辺（支出面のＧＤＰ÷実質ＧＤＰ）は、ＧＤＰデフレーターである。結局、

ＧＤＰデフレーター＝単位労働コスト（ＵＬＣ）＋単位利益（ＵＰ）――③

となる。

単位労働コストの低下は、生産性の上昇を意味する。なぜなら、単位労働コストとは、定義によって、「1単位のモノを作るための賃金支払い額」だからだ。

これを、つぎの数値例で説明しよう。いま、１０００台の自動車を作るために１００人の労働者が必要だとする。その後労働生産性が向上して、同じ１０００台の自動車を90人で作れるようになったとする。1人当たりの賃金の支払い額が変わらないとすれば、

自動車1000台当たりの賃金の支払いの総額は減少する。

単位労働コストは、これを経済全体に拡張して、実質GDP1単位当たりの賃金支払い額を示したものだ。したがって、この値が低下すれば、生産性が上がったことになる。逆に、単位労働コストの値が上昇すれば、労働生産性は下がったことになる。

輸入物価の下落が完全に国内物価に還元されれば、単位労働コストも単位利益も変わらない。また、GDPデフレーターも変わらない。

最近の日本では、輸入物価の下落が完全に国内物価に還元されず、③式の左辺であるGDPデフレーターが上昇している。

日本でも「強欲資本主義」が起きている

日本銀行「展望レポート（2023年7月）」は、つぎのように分析している。

（1）アメリカでは、賃金の大幅上昇から単位労働コストが急拡大して物価を押し上げている。

（2）欧州では、単位利益が大きめに拡大しており、企業が収益マージンを拡大する動きが物価を押し上げている。

（3）わが国では、米欧対比でGDPデフレーターの上昇幅はかなり限られており、単位労働コストや単位利益の拡大は確認できない。わが国の物価上昇については、輸入物価上昇を起点とするコストプッシュ圧力が背景にある。

日銀の分析は、先に述べたGDPデフレーターの上昇以前のものだ。その後、輸入物価の下落分を販売価格に還元させないことによって、GDPデフレーターが上昇し、企業利益が増えている。

ヨーロッパでは、アメリカのインフレが輸入されて国内物価を引き上げたが、企業はそれに便乗して利益を拡大させたため、「強欲資本主義」だと言われた（第6章の3）。最近の日本は、メカニズムは違うが、企業利益が増大しているという意味で、「強欲資本主義II」になっていると言うことができるだろう。

2024年の春闘で企業が賃上げに積極的だったのは、利益の増大に批判が集まるのを恐れたためだったのかもしれない。

ただ、それより先に行なうべきは、販売価格を引き下げて、消費者に還元することであったろう。

ホームメイド・インフレが起これば、GDPデフレーターは上昇する

海外要因が変化しなくとも、国内要因によってインフレが発生する場合もある。

例えば企業が利益を増やしたり、賃金を引き上げたりして、その分を販売価格に転嫁したとする。そして、転嫁が消費者物価などの最終財段階にまで及んだとする。すると、最終財のデフレーターが上昇し、したがって全体としてのGDPデフレーターが上昇することになる。

政府や日銀はこのような形での物価上昇が望ましいと考えている。しかし、そうしたプロセスが本当に国民の立場から望ましいかどうかは、大いに疑問だ。「はじめに」で述べたように、「強欲資本主義」を突破できていないということが、「日銀の限界」の第三の意味だ。これを克服できるかどうかは、日本経済の将来に重大な影響を与える。こ

の問題は、第8章で検討する。

◆第7章のまとめ

1．輸入物価が上昇したときには、企業は販売価格を引き上げ、消費者など最終財の購入者に負担を転嫁してきた。しかし、2023年に輸入物価が下落したときには、これを消費者物価に還元しなかった。このため、大企業の粗利益が増大した。他方で賃金を引き上げなかったので、経常利益が著しく増大した。「強欲資本主義Ⅱ」を排し、消費者物価引き下げを実現させることが必要だ。

2．これまでほとんど伸びていなかったGDPデフレーターが、急に伸び率を高めた。これは、企業が輸入物価の下落を販売価格に反映させなかったことによる。それが、企業利益を拡大させたのだ。

第8章　価格転嫁で賃上げを実現する「強欲資本主義Ⅲ」

1　生産性向上によらない実質賃金の上昇は、持続できない

実質賃金の伸び率がプラスに

第3章の6で述べたように、実質賃金は2024年5月まで低下を続けていた。しかし、24年6月の実質賃金（事業所規模5人以上、現金給与総額）の対前年同月比は1・1％と、2年3カ月ぶりにプラスになった。7月の対前年同月比もプラスだった。

24年の春闘の平均賃上げ率は5・33％と、33年ぶりの高水準を実現した。その影響

が6月分からの実際の賃金に反映されてくると考えられていたが、それが実際に生じたのだと言われた。そして、「賃金と物価の好循環」が始まったと評価する考えが広がった。

しかし、この事態を手放しで喜ぶわけにはいかない。なぜなら、以下に述べる点を考える必要があるからだ。

第一は、6、7月の対前年比プラス転化は、ボーナスの増加によるものではないかということだ。実際、6月について「きまって支給する給与」を見ると、対前年同月比はマイナス1・0%だ。ボーナスは、定期昇給とは違って比較的調整しやすく、将来、減らすこともできるので、業績がよいときに増やすのは比較的容易なのだろう。

事業所規模30人以上でも、現金給与総額の対前年比は0・9%だが、「きまって支給する給与」はマイナス0・1%だ。つまり、比較的規模が大きい企業でも、増えたのはボーナスが中心だったと考えることができる。

こうした事情があるので、実質賃金上昇率のプラス転化が本当に定着したと結論するには、まだ早い。実際、本章の4で述べるように、8月の実質賃金上昇率はマイナスだった。

なお、実質賃金を評価する際に、政府による電気・ガス料金補助の復活によって消費者物価上昇率が攪乱《かくらん》的な影響を受けることにも注意が必要だ。

実質雇用者報酬の対前年同期比がプラスになった

2024年8月に発表されたGDP統計（2024年4〜6月期、1次速報値）において、実質雇用者報酬（元系列）の対前年同期比がプラス0・8％になった。これまでは、21年10〜12月期以降、マイナスが続いていた（なお、季節調整値では、23年10〜12月期以降、プラスになっていた）。

また、これまでは、実質賃金が伸びないために実質個人消費がマイナス成長となり、このため実質GDPがマイナス成長になっていたのだが、4〜6月期では、実質個人消費支出の伸びがプラスになった。そして、実質GDP成長率もプラスになった。

この結果、名目GDP（季節調整値）の対前期比が1・8％増となり、年率換算で初めて600兆円を超えた。

消費支出の伸び率のプラス転換は、実質賃金の伸びと消費の伸びが今後も進むことを示唆しているように見える。

ただし、これとは反するデータもある。6月の家計調査によると、勤労者世帯の手取り収入が急増したにもかかわらず、2人以上の世帯の実質支出は前年同月より減少した。

生産性が低下しているのに、物価上昇への対処のため力づくで賃上げされている

もう一つの問題は、長期的な実質賃金下落の過程を覆せるか否かだ。

実質賃金の下落は極めて長期にわたる現象だ。2024年第1四半期における実質賃金（事業所規模5人以上、現金給与総額）の実質賃金指数は84・2だが、これは、1997年第1四半期の指数98・3に比べて、14・3％も低い。

こうした状態を克服し、97年の水準に戻すためには、実質賃金の伸びを長期にわたって継続する必要がある。それが実現するかどうかこそが重要だ。そして、これがどうなるかは、以下に述べる賃金上昇のメカニズムに強く依存している。

労働生産性を判断する指標は、第7章の2で定義した「単位労働コスト（ULC）」

図表8-1　単位労働コスト(ULC)の推移

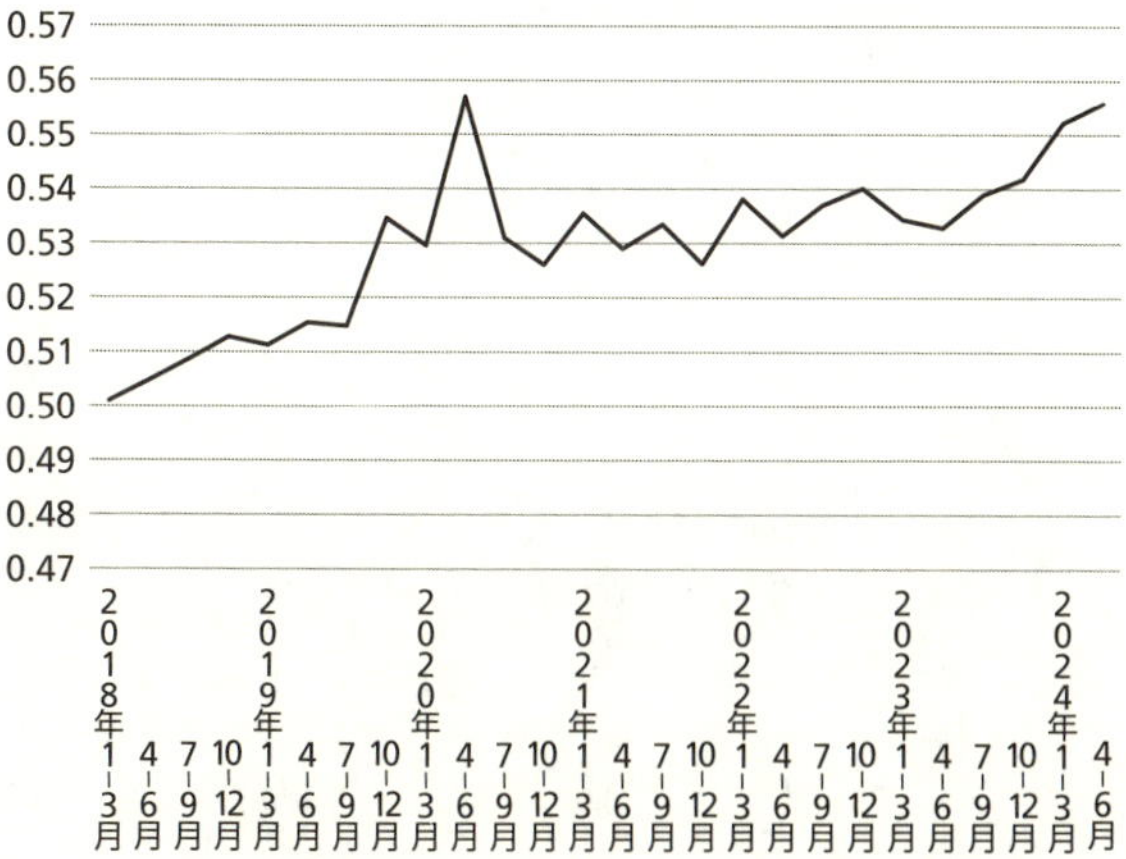

GDP統計(2024年4~6月期 1次速報値)のデータより著者作成

だ。

24年4〜6月期のGDP統計速報のデータでこの値を計算すると、図表8－1に示すとおりだ。

最近の時点で、単位労働コストの上昇が顕著だ。すでに述べたように、単位労働コストの値が大きくなることは、生産性が低下することを意味する。つまり、望ましくない現象だ。

それにもかかわらず賃上げが行なわれた。生産性の向上によって賃金が上がったのではなく、物価上昇率が高まったことに対処して、春闘で力ずくで引き上げたのだ。

定義式（第7章の2参照）から分かるように、実質GDP成長率を超える名目雇用者報酬の伸びは、単位労働コストを上昇させる。つまり、生産性を低下させることになる。最近の日本では、物価上昇のために消費支出が伸び悩み、実質GDP成長率が落ちていたので、賃上げは生産性を低下させる場合が多いのである。

ところで、生産性の向上を伴わない賃上げをまかなう方法は、2つある。

第一は、企業利益を減らして賃上げを行なうことだ。中小零細企業は、そうせざるをえない場合が多いと考えられる。

第二は、賃上げ分を販売価格に転嫁することだ。大企業の場合の賃上げは、主としてこの方法によって行なわれたと考えられる。転嫁は取引の各段階で行なわれ、賃上げ分は、最終的には消費者物価を引き上げる。

大企業の利益の状況を見ると、ここ数年減ったわけではなく、むしろ増えている。これは、企業利益減という第一の方法ではなく、転嫁という第二の方法で賃上げが行なわれた可能性が高いことを示している。

「賃金と物価の好循環」ではなく、「悪循環」

政府や日銀は、現在の状況を「賃金と物価の好循環」だとしている。しかし、すでに見たように、これは賃金上昇分を消費者に転嫁することによって実現した賃上げなのである。つまり、コストプッシュ・インフレを引き起こす「賃金と物価の悪循環」なのだ。

私は、春闘による高い賃上げが不要だったと言っているのではない。急激なインフレが起こった以上、名目賃金が上がらなければ、実質賃金は大きく低下してしまう。こうした事態に対する緊急措置として、名目賃金の大幅な上昇が必要であったことは間違いない。

ただし、本来であれば、世界の多くの中央銀行がそうしたように、22年以降のFRBの金利引き上げに追随して日銀も金利を引き上げ、激しい円安の進行を食い止めるべきだった。それによって、少しでも物価上昇を抑えることが必要であった。

そして、将来に向かっての問題は、いま生じている実質賃金上昇のメカニズムは生産性の向上を伴わないものであるため、長期にわたって継続できないということだ。

必要とされるのは、生産性の向上を実現し、それによって実質賃金を引き上げていくことだ。そのようなメカニズムを始動させなければならない。それを怠っていまのメカニズムをこのまま続ければ、日本経済は深刻なスタグフレーションに陥るだろう。

2　自分で負担している賃上げを、手放しで喜んでよいのか？

世界的インフレが日本に輸入されて、日本も物価高騰

ここで、これまでの議論を振り返っておこう。

まず、世界的なインフレと円安によって、輸入物価が上昇した。これが消費者物価を引き上げた。このような動きが、２０２２年から23年にかけて生じた。23年に春闘の賃上げ率が高まり、賃金が上昇し始めた。しかし、物価上昇率のほうが高いので、実質賃金は下落を続けた。

以上が第一段階だ。ここまでは、アメリカのインフレに端を発した玉突き的な変化だ。日本から見ると、コストプッシュ・インフレだ。

それは、国民生活を貧しくするという意味で大問題だが、経済メカニズムとしては理

解しやすい。企業は、原材料価格の高騰分を販売価格に転嫁する。これは、これまでも行なわれてきたことであり、日本の消費者物価はそれによって上昇した。

今回は輸入物価の上昇率が非常に著しかったために、完全に転嫁できるかどうかが、当初は疑問視されていた。しかし、実際には、原価上昇分をほとんど消費者物価に転嫁できた。大企業は取引上、優位な立場にあるので、ほぼ完全に転嫁できただろう。このため、企業の粗利益（売り上げ－原価。なお、これは付加価値にほぼ等しい）が増えて、賃上げが可能になった。

輸入物価の下落を還元せず、賃金上昇を販売価格に転嫁している

ところが、第６章の１で述べたように、２０２２年の10～12月期頃から、状況が変化した。世界的な物価高騰が収まったために、輸入物価が低下し始めたのだ。それにもかかわらず、国内物価は上昇を続けた。これが第２段階だ。

なぜ輸入物価が低下したにもかかわらず、消費者物価が低下しないのか？　その理由は、第７章の１で述べたように、企業が輸入物価の下落による原価の下落を、販売価格

の下落に還元しなかったことだ。本書はこれを「強欲資本主義Ⅱ」と名付けた。

ところが、2023年の春闘頃からもう一つの動きが始まった。それは、賃上げが販売価格に転嫁されたことだ。

少なくとも大企業については、それが行なわれただろう。また、食料や宿泊費については、中小零細企業も含めて、販売価格への転嫁が行なわれたと考えられる。こうして、賃上げが消費者物価に影響を与えるようになったのだ。

つまり、これまでのように海外のインフレが国内の消費者物価に転嫁されるのではなく、国内での賃上げが消費者物価に転嫁されるというプロセスに変化してきている。これが第3段階だ。これを「強欲資本主義Ⅲ」と呼ぶことができるだろう。

これが望ましいかどうかについての判断が重要だ。日本政府は、このプロセスを進めることが望ましいとして、中小企業も価格転嫁ができるよう、企業を指導している。政府や経済界以外にも、このプロセスは「物価と賃金の好循環」であり、望ましい動きであるとして、積極的に進めるべきだとする意見が強い。

こうした状況を背景として、24年春闘における賃金上昇率は、さらに高まった。

「賃上げと物価上昇の循環」は、国を滅ぼす

前項で述べた強欲資本主義Ⅲのプロセスも、玉突き的な物価上昇、つまりコストプッシュ・インフレであるという点では、従来からあった輸入物価高騰の消費者物価への転嫁と同じだ。

ただし、違いがある。それは、インフレが加速する恐れがあることだ。なぜなら、最初に行なわれた賃金引き上げの効果が、物価上昇によって薄められてしまうからだ。だから、さらに高い賃金引き上げが求められる。こうして、物価上昇と賃上げのスパイラルが発生してしまう危険がある。

これは、1973年に生じた第一次石油ショックで、世界の多くの国が悩まされた現象だ。原油価格が上昇するために輸入物価が上昇し、国内物価も上昇する。これに対応するため賃金を引き上げる。

労働組合が職種別組合になっている欧米諸国、とくにイギリスでは、この動きがとりわけ顕著に生じた。その結果、イギリス経済は危機的な状況に陥ってしまったのである。

自分が負担して自分の賃金を引き上げる

結局のところ問題は、賃金上昇が何を原資として行なわれているかである。望ましい形の賃金上昇とは、新しい技術や新しいビジネスモデルによって労働者の生産性が高まり、それを反映して賃金が上昇するものだ。

それに対して、いま生じているのは、消費者の負担によって賃金を上昇させるメカニズムだ。多くの人々は賃金の受取り手であると同時に、消費者でもある。したがって、自分で負担して自分の賃金を上げているにすぎない。だから、このプロセスによって格別に利益を受けるわけではない。

賃金が上昇しない人々は、物価上昇の影響だけを受ける。そして生活水準が低下する。こうした人々は、給与所得者の中でも、中小零細企業の勤務者に多い。

また、フリーランサーや零細事業者など、取引上優位に立てない人々も、販売価格の引き上げで賃上げを実現することなど、とても望めない。これらの人々が、ここで述べたメカニズムの最大の犠牲者だ。

3　販売価格に転嫁される賃上げは、「悪い賃上げ」

生産性向上による賃上げが必要

春闘による高い賃上げが将来も持続するかどうか、そしてこれが国民生活を本当に豊かにするかどうかに、関心が集まっている。

この問題の鍵は、賃上げが生産性の向上によって行なわれているか否かにある。生産性の向上によって賃上げが実現するのであれば、国民生活は豊かになる。しかし、賃上げ分を販売価格に転嫁しているのであれば、実質賃金は上昇せず、経済は物価と賃金の悪循環に陥る。

単位労働コストによって、生産性の向上を伴う賃上げかどうかを判別する

この問題を考えるためには、生産性の向上を伴う賃上げか否かを判別するための指標が必要だ。この目的のために、第7章の2で述べた「単位労働コスト（ＵＬＣ）」を使うことができる。

一人当たりの賃金の上昇が労働生産性の向上によって行なわれる場合には、単位労働コストは不変または低下する。それに対して、労働生産性の向上を上回る賃上げが行なわれれば、単位労働コストは上昇する。このようにして、賃金の上昇が生産性の向上を伴うものであるか否かを判別することができる。

3種類の賃上げを区別する

結局、つぎのように3種類の賃上げがあることになる。

(1) 生産性向上による賃上げ：資本装備率上昇や技術の進歩、新しいビジネスモデルの導入などにより労働生産性が向上し、それによって可能になる賃上げ。

(2) 企業利益圧縮による賃上げ：労働生産性の向上はないが、企業が利益を圧縮することによって行なわれる賃上げ。

(3) 販売価格に転嫁する賃上げ：販売価格を引き上げることによって、労働生産性の向上も企業の利益縮小もなしに行なう賃上げ。

以上をまとめると、図表8－2のようになる。

図表8-2　3つのタイプの賃上げ

	単位労働コスト	GDPデフレーター	負担者
(1)生産性向上による賃上げ	不変または低下	不変または低下	なし
(2)企業利益圧縮による賃上げ	上昇	不変	企業
(3)販売価格に転嫁する賃上げ	上昇	上昇	消費者

賃金上昇を価格に転嫁すれば、コストプッシュのスパイラルが起きる

政府は、コストプッシュ型の物価・賃金の上昇が生じるよう、企業に指導している。中小企業庁は、取引先への転嫁が進んでいるかどうかを調べる「下請けGメン」を増員した。公正取引委員会も、優越的地位の乱用の恐れがある企業を調査する専任の部隊を設けた。

だから、賃金が上がれば消費者物価が上がる。ところが、そうなると実質賃金が下がってしまうので、さらに賃金を引き上げなければならないことになる。

これは、経済活動の拡大を伴わないスパイラル的なインフレーションを引き起こす。つまり、スタグフレーションがもたらされる。

「賃金の上昇を販売価格に転嫁せよ」とは、「消費者の負担において賃金を上昇させよ」ということであり、極めておかしな話だ。なぜこのようなことが望ましいとして政府がそれを進めようとするのか、私にはまったく理解できない。

無理矢理に名目賃金を引き上げ、それを価格に転嫁させる。そうすれば実質賃金が下落するから、名目賃金をさらに引き上げなければならなくなる。これが「物価と賃金の好循環」だと言う。しかし繰り返すが、これはコストプッシュ・インフレーションのスパイラルに他ならない。それは、人々を豊かにするのではなく、経済を破壊するプロセスだ。

マイナス成長下で賃上げすれば、生産性向上型ではない賃金上昇になる

2024年5月頃までの状況を見ると、実質GDPはほとんど不変、ないしマイナス成長である。このような状況下で名目賃金が上昇すれば、単位労働コストは必ず上昇するので、生産性向上型ではない賃金上昇になる。

企業が利益を減少させなければ、賃上げは販売価格に転嫁され、最終的には消費者物

価に転嫁される。したがって、名目賃金は上がっても実質賃金は上昇せず、実質消費は増大しない。

労働者は賃金の受け取り手であるとともに消費者でもあるから、消費者物価に転嫁することによって行なわれる賃上げは、「自分で負担する賃上げ」ということになる。

したがって、「自分で負担しない賃上げ」であるためには、価格転嫁ではない方法で賃上げが行なわれる必要がある。企業が利益を圧縮すればそれが可能だが、そのような賃上げは持続することができないだろう。

4　本来実現されるべき賃金上昇の姿は？

実質賃金は90年代の半ば以降、傾向的に下落している

本章の1で見たように、実質賃金の対前年同月比は、2024年6月にはプラスになった。7月もプラスだった。しかし、8月には、再びマイナスに戻ってしまった。今後どうなるかは、本稿執筆時点では判断ができない。

図表8-3　実質賃金指数の長期推移
（事業所規模5人以上、現金給与総額）

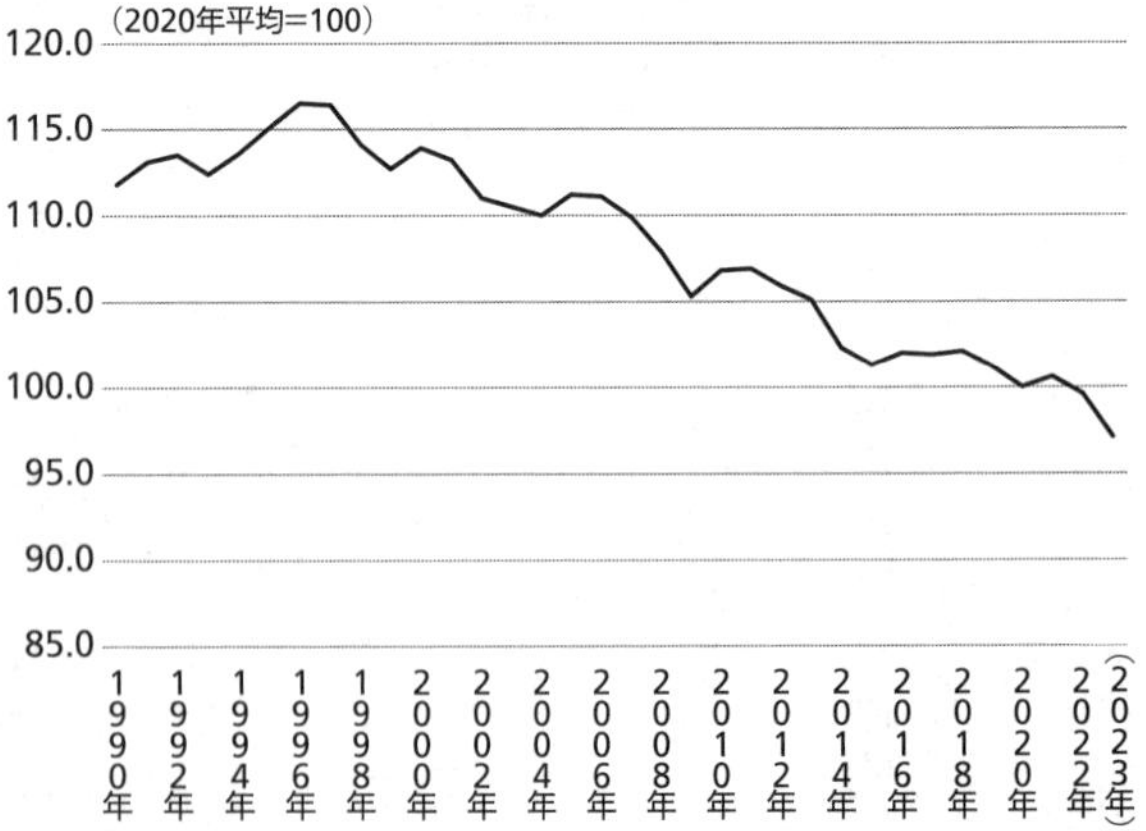

毎月勤労統計調査より著者作成

　ここで、実質賃金の長期的動向についてデータを確認しておこう。

　図表８－３に見られるように、実質賃金指数は、１９９６年をピークとして、その後、傾向としては継続して下落してきた。

　年ベースで言うと、対前年上昇率がプラスになったことも、２０００年以降で６回あった。過去10年間を見ても、２０１６年、18年、21年がプラスだ。ただし、それらは例外であって、傾向としては下落が続いていたのだ（なお、２０２１年に伸び率がプラスになったのは、コロナ禍による落ち込みからの回復という特殊要因によるものだ）。月次ベースで言えば、対前年上昇率がプラスになることは、2000年以降、何度もあった。重要なのは、個々の年や月の状況ではなく、下落傾向が続いていることなのである。

だから、仮に実質賃金の対前年上昇率が一時的にプラスになったとしても、それが長期に続く傾向的な変化にならなければ意味がない。数カ月だけプラスになっても、それだけでは、実質賃金が下落を続けている状況を変えることにはならない。それは、日本経済の構造が変わったことを意味するものではないのだ。

真の問題は、ある月の上昇率がプラスになるかどうかではなく、賃金と物価の上昇をもたらすメカニズムである。これまで実質賃金の下落をもたらしてきたメカニズムが、いま変わりつつあるのかどうかだ。

90年代まではデマンドプル

日本経済が停滞に入る前の1990年代半ばまでの期間において、実質賃金を上昇させてきたメカニズムは、つぎのようなものだったと考えられる。

資本装備率の上昇や、新しい技術や事業活動の導入によって、労働生産性が高まった。これによって賃金が上昇し、消費者の所得が増加した。そのため、生産物やサービスに対する需要が増え、物価が上昇した。このように、物価が上昇したのは、需要が拡大したからであった。これは「デマンドプル」と呼ばれる物価上昇だ。

それに対して、2022年以降の物価や賃金の上昇は、このようなメカニズムによって生じたものではない。

まず物価上昇は、輸入物価の上昇によってもたらされた。輸入物価の上昇は、世界的なインフレーションと円安によってもたらされた。原価の上昇は、販売価格に転嫁された。取引の各段階で転嫁が生じ、最終的には消費者物価が上昇した。これは「コストプッシュ」と呼ばれる物価上昇だ。

物価が上昇して賃金が不変であれば、国民の生活水準は低下する。これを防ぐため、賃金を引き上げる必要が生じたのである。また、円安によって円建ての輸出価格が上昇したので、企業の粗利益が増え、賃金引き上げが可能となった。

アメリカでの賃上げもデマンドプル

今回の世界的インフレの発端は、2021年頃にアメリカで生じた賃金上昇だ。これはIT企業などの先端企業において顕著に生じた。

コロナ禍でもITサービスに対する需要は高かったため、この分野の専門的な技術者の賃金が顕著に上昇した。この結果、消費需要が増大し、インフレーションが生じたのである。これは需要の増加が価格の上昇を招いたという意味で、「デマンドプル・インフレーション」と呼ばれる。

デマンドプル・インフレーションは、このように生産性の向上に始まり、財・サービスに対する需要の増加、したがって経済成長率の高まりをもたらす。今回は賃上げ率が高すぎたので問題になったのだが、プロセス自体は、健全な形の物価・賃金の上昇ということができる。「物価と賃金の好循環」とは、このようなプロセスだ。

それに対して、現在の日本の賃金上昇は、新しいサービスが開発されて、専門的な技術者の価値が高まったことが出発点になっているわけではない。つまり、生産性の向上を伴わないものだ。

物価が上がるから、賃金を引き上げざるを得なくなったのだ。そして、物価が上昇して企業の利益が増加したために、それが可能になった。賃金の上昇分を販売価格に転嫁したということである。つまり、最終的には消費者の負担において賃上げを行なっている。

なお、ここで「生産性」という言葉について注記しておこう。生産性とは、労働者一人当たりの付加価値である。付加価値とは「売り上げ－原価」で表される「粗利益」にほぼ等しい。したがって、原価の上昇分を販売価格に転嫁した場合においても、付加価値は増加する。ただし、本書においては、技術開発や新しいビジネスモデルの導入によって売り上げが増大する場合だけを「付加価値の増大」ということにしている。

生産性の向上が必要

本来起こるべきは、1990年代までの日本経済で起きたのと同じメカニズムが働くことだ。繰り返し述べれば、資本装備率上昇と技術革新によって生産性が向上し、それによって賃金が上昇するというメカニズムだ。これによって購買力が増えるので、需要が増大する。そして物価が上昇する。

「物価と賃金の好循環」というのは、このような過程である。それを実現させるためには、研究開発を始めとする投資や、人的資源の質の向上が必要だ。ただし、金融政策も無関係ではない。

なぜなら、これまでの過剰な金融緩和政策は、日本企業の生産性を低下させた基本的な原因だったと考えられるからだ。低金利が収益率の低い投資を許容し、円安が企業の利益を自動的に増大させた。

賃金と物価の好循環を実現するためには、生産性の向上が必要であり、そのために金融正常化が必要なのである。日銀が言うように「賃金と物価の好循環が確認できたら、金融正常化する」のではない。それでは順序が逆だ。賃金と物価の好循環を実現するために、金融正常化が必要なのである。

◆第8章のまとめ

1. 2024年6月に、実質賃金の対前年同月比がプラスになった。同様のことは、GDP統計でも確かめることができる。
ところが、「単位労働コスト」は上昇している。これは、労働生産性が低下していることを示している。労働生産性の上昇によらないで実質賃金を引き上げるには、企業利益を減らすか、消費者に転嫁するしかない。

2. 2023年春闘から、賃金上昇が目立つようになった。しかし、これは賃上げ分を販売価格に転嫁することによって実現しているものだ。賃上げによって消費者物価が上昇するため、実質賃金は上昇しない。この状況が進めば、スパイラル的な賃金と物価の上昇に陥る危険がある。

3. 本来、賃上げは生産性向上によって実現すべきものだが、日本では販売価格に転嫁されて消費者が負担する「悪い賃上げ」が始まろうとしている。日本はいま、重大な岐路に立っている。

4．実質賃金下落は長期的現象だ。1980年代の日本は、デマンドプルの賃金上昇だった。現在のアメリカも同じである。本来は、こうしたプロセスで賃金が上昇しなければならない。

第9章　円安に頼らぬ長期成長は実現できるのか

1　長期成長戦略を政治の争点とせよ

デジタル化を中心とする長期成長戦略が必要

円安に頼らぬ経済を構築するには、新しい技術を開発・導入し、生産性を高めることが必要だ。

経済政策というと短期的な金融政策や財政政策が問題とされることが多いのだが、長期的な観点からの成長戦略も、それらと並んで（あるいは、それ以上に）重要な課題だ。

この問題は、重要であるにもかかわらず、これまでなおざりにされがちだった。

アベノミクスにおいて、成長戦略は「第三の矢」として必要性が指摘されながら、実効性のある政策は何も行なわれなかった。そして異次元金融緩和という金融政策だけが実行されて円安が追求され、日本経済の生産性は低下した。岸田文雄内閣も、デジタル田園都市国家構想など、さまざまな政策を提案したが、実効性があるものには至らなかった。

成長戦略には、雇用政策などさまざまな問題が含まれるが、現在の日本でとくに重要なのは、デジタル化の推進だ。以下では、この問題に焦点をあてて、長期成長戦略の問題を考えることとしよう。

１９８０年代において世界経済をリードしてきた日本経済は、90年代後半以降、長期停滞に陥ってしまった。この頃に登場した新しい情報技術（ＩＴ）に、日本がうまく適応できなかったことが基本的な原因だ。

このとき必要とされたのは、新しい情報技術に対応して、経済構造を大きく転換することであった。大型コンピュータを中心とするそれまでの中央集権的情報技術体系から、ＰＣとインターネットを中心とする分散・分権型の情報システムへの転換に対応して、日本社会が構造変化することが必要だった。それができなかったことが、その後の日本の衰退をもたらすことになった基本的原因だ。

ところが、この問題に関して、政治の場であまり目立った政策の提案はない。

実際に行なわれようとしているデジタル化政策としては、まず、健康保険証のマイナ保険証への切り替えがある。しかし、この切り替えによって医療サービスのデジタル化が格段に促進されるわけではない。

患者の立場からすると、いまは送られてくる紙の保険証をただ利用すればよいだけだが、マイナ保険証は、定期的に役所に出向いて更新の手続きをとる必要があるので、かえって面倒になる。要介護者など移動が困難な人にとっては、かなりの負担だ。

人材育成が中心課題

デジタル化で本当に重要な課題は、日本企業における仕事の進め方を、根本的に変革していくことだ。つまり、デジタル化の促進は、組織の在り方や仕事の進め方全般に関わる課題なのである。これをどうするかについてのグランドデザインが必要だ。

まず重要なのは、人材の育成だ。岸田内閣は、これについて、リスキリングやデジタル田園都市国家構想を打ち上げた。

リスキリングも重要な課題だが、その前に、大学などの高等教育機関を、基本から大きく変えていく必要がある。

日本の人材育成制度は、1960年代頃までの産業構造に対応した体制から脱却していない。そして、情報革命後の体制には転換していない。

例えば、日本の大学の理学部・工学部は、ITに対応した人材育成や研究を進める体制にはなっておらず、「モノづくり」を中心とした体制から脱却していない。高等教育制度が、時代の変化に最も取り残された存在になっている。

この改革は極めて難しい課題であるが、それを行なわない限り、人材育成の基本が変わることにはならないだろう。

これと同時に、人材の組織間流動性を高めることが必要だ。これは、年功序列賃金や、退職一時金制度の見直しなど、日本の雇用制度の基本に関わる問題と関連している。

教育の仕組みを抜本的に変えていくことは、最も重要な成長戦略であるにもかかわらず、極めて困難な課題だ。ところが、政治の場で、この問題が真剣に検討されることはほとんどない。

つまり、この問題が重要だという問題意識を持った政治家がいない。問題意識がなければ、改革が進むはずもない。私はこの状況を見て、絶望的な気持ちになる。

生成AIの開発と利用は、長期的成長戦略の核となり得る

他方で、これまでなかった新しい技術が登場している。それは生成ＡＩだ。

生成ＡＩは、応用の可能性が多岐にわたるものだ。これをどのようにして実際の仕事の中に取り入れていくか、その障害は何か、などを検討する必要がある。

また、生成ＡＩは、人材の育成に重要な役割を果たし得る。これを適切に用いれば、個人の再教育に対する強力な武器になる。

現在の生成ＡＩにはまだ完全に頼り切れない面があるので、それだけに依存することはできないのだが、技術進歩の速さを見ると、近い将来、生成ＡＩが新しい技術を学ぶための最も基本的な手段になるという事態は、十分に考えられる。

問題は、このような技術的発展を、現実の世界にいかに取り入れていくかである。既存の教育機関が取り入れるだけでなく、企業が仕事の内容に応じて再教育の手段として取り入れることもあり得るだろう。それは、大学組織の硬直性への対策になるかもしれない。

生成ＡＩの開発と利用において、日本が世界で主導的な立場に立てるなら、日本のこれまでの衰退プロセスを一挙に覆すことも不可能ではない。

その意味で、生成ＡＩは長期的成長戦略の核となるものだ。それにもかかわらず、これが政治の場で議論されることはない。

その反面、半導体開発企業に対する補助政策が大々的に行なわれている。岸田政権は、台湾積体電路製造（ＴＳＭＣ）の熊本県への誘致を後押しした。さらに、２０２２年11月には、ロジック（演算用）半導体の国産化を目指すラピダスを政官民が連携して設立し、その支援を決めた。

政府はすでに支援が決まった９２００億円を含め、21年からの3年間で、半導体支援に総額３兆９０００億円の予算を確保した。これらは一見したところ望ましい政策のように思えるが、実は逆だ。企業に対する補助は、企業の依存体質を強め、成長にはつながらない場合が多い。企業に対する直接の補助は、限定的に考えるべきだ。

2 強い需要があるにもかかわらず、ライドシェアが許可されない不合理

アメリカや中国では、広く普及したライドシェア

新技術の導入に関して日本社会が直面している大きな問題は、外国では広く用いられている新技術が、関係業界の反対のために導入できないことだ。その典型例が、ライドシェアリング（Ridesharing：以下、ライドシェア）である。

ライドシェアとは、一般のドライバーが自家用車で客を運ぶ有料サービスだ。アメリカの場合、ライドシェアは、ごく普通の移動形態となり、市民の移動に大きな変革をもたらしている。Uber《ウーバー》とLyft《リフト》が市場をリードしており、多くの都市でタクシーや公共交通機関の代替手段として広く利用されている。大都市や学生が多い地域でとくに人気がある。また、郊外や地方都市にも拡大し、これまでタクシーサービスが限られていた地

域に新たな選択肢を提供している。

Uber と Lyft は技術革新を推進し、リアルタイムでの配車追跡、価格見積もりなどアプリの使いやすさや機能を継続的に向上させている。また、自動運転車への投資も進めており、将来はドライバーのいないライドシェア・サービスが実現するかもしれない。

ただし、ライドシェアの急速な成長が、さまざまな問題を生んでいるのも事実だ。多くの都市が、ライドシェア・サービスの安全性や運転手の労働条件に関する規制を導入している。

また、ライドシェア運転手の労働環境は、議論の的となっている。ライドシェアの運転手は独立請負業者と分類されており、柔軟な勤務時間を重視する人々にとっては魅力的な選択肢だが、最低賃金や社会保障の恩恵を受けられないという問題がある。

中国でも、ライドシェアが急速に成長している。滴滴出行《ディディチューシン》（DiDi Chuxing）が市場を支配している。タクシー呼び出し、プライベートカーのハイヤーサービス、企業向けサービスなど、多岐にわたるサービスを提供している。

中国のライドシェアは、都市部でとくに普及しており、多くの人々が日常的に利用している。ＡＩやビッグデータを活用した効率的な配車システムや、リアルタイム・トラフィック情報に基づくルーティング最適化などの技術革新が進んでいる。

ただし、中国政府はライドシェア・サービスに対する規制を強化しており、安全性やデータ保護に関する厳しいガイドラインを設けている。

日本では認められないライドシェア

ところが日本では、個人が自分の車を使って乗客を運ぶライドシェアは、基本的に禁止されてきた。Uber や Lyft は、主にライセンスを持つタクシードライバーを通じてサービスを提供している。これは、タクシー業界からの強い反対があるからだ。

Uber は日本の大都市や観光地で事業を展開しているが、主に高級車を利用した「Uber Black」などのサービスに限られている。

なお、地方では「Uber Taxi」として既存のタクシー会社と提携し、アプリを通じてタクシーを手配するサービスを行なっている。

一部の地方都市では、公共交通機関が不十分なエリアを対象に、ライドシェアに似たサービスが試験的に導入されている。地方自治体や地域のタクシー会社が協力して、需要に応じて運行している。

深刻化する交通事情

一方で、バス路線が廃止されたり、タクシーがなかなか捕まらないなどの問題が発生している。

地方だけでなく、東京でも問題が発生している。バス路線の廃止や減便が首都圏で広がっているのだ。「バス会社『追いつめられている』減便、廃止　東京も路線バスがピンチ」（朝日新聞、2024年5月31日）は、つぎのように伝えている。

2022年度、「都バス」の127路線のうち、99路線の収支が赤字だった。運転手の確保も課題になっている。職員の高齢化が進み、定年退職が増加。採用人数を増やしたいが、応募者数は減少傾向だという。1日およそ9000便を運行している横浜市営バスは、2024年春、全体の4％にあたる367便を減便した。東京都足立区でも一部の路線が廃止になった。

多摩地区では、すでに深刻な問題が発生している。日野市では23年4月に、これまで毎日、日中1時間に1便程度あった市中心部の日野駅と立川駅などを結ぶ京王バスの路線が、週末の1往復を除き運行廃止になった。住民からは「交通手段がなくなり非常に不便だ」という声が続出。5月には地元の老人クラブが中心となって、代替のミニバス運行を求める要望書を市に提出したが、聞き入れられなかった。

市は京王バスと協議したものの、「市の補助金があっても、運転手不足に歯止めがかからない現状では対応できない」との回答だったという。

その他の地域でも、バス便が1日数本しかない場合が増えている。こうしたバス路線の「時刻表」のことを、「地獄表」というのだそうだ。炎天下で30分も待たされたとか、乗ったはよいが、その日のうちには帰ってこられない、などという話がある。

日本の多くの地方で高齢化が進んでいるが、高齢者が生活必需品を購入するために遠方のスーパーまで移動することが困難になっている。公共交通機関の減少や運行間隔の長さがこの問題を悪化させている。高齢になったので運転免許証を返納したいが、そうすると買い物ができなくなるから、自家用車を乗り続けざるをえないという人も多い。

高齢になって運転免許証を返納してしまった人たちは、バスに頼らざるをえない。それがこのような状況では、日常生活に重大な支障が生じる。これは文字どおりの「死活問題」だ。

これは、「2024年問題」の影響だ。運転手の1年間の拘束時間や、勤務時間のインターバルに関する規制が強化されるため、もともと深刻だった運転手不足がさらに深刻になっているのだ。「2024年問題」は、トラック運転手の不足の原因にもなっている。

タクシーの運転手も足りない。このため、タクシーを捕まえにくくなっている。駅前であっても、雨が降っていたりするときには、いつまで待ってもタクシーに乗れない。

地方ではさらに深刻で、待ち時間が長い、またはまったく利用できないという事態が発生している。

地方自治体は、買い物難民の問題解決や交通アクセスの改善を目的として、ライドシェア・サービスの導入を検討している。例えば、地域内で住民が互いに車をシェアするシステムや、小規模ながら地域に特化したライドシェア・サービスを実験的に行なうことなどだ。

混沌とする日本版ライドシェアの行方

こうした事情を背景に、2024年4月から「日本版ライドシェア」が始まった。これは、タクシー会社が運営主体となり、一般のドライバーが有料で人を運ぶものだ。タクシーが不足する時間のみ、台数を限って運行が認められている。

政府は、タクシー会社以外の事業者の参入を認めるか否かを議論している。しかし、2024年5月、斉藤鉄夫国土交通大臣は、規制改革を担当する河野太郎デジタル行財政改革担当大臣と面会し、タクシー事業者以外の参入について早急に結論を出すべきではないという考えを伝えた。

さらに、斉藤大臣は「何十年もかけて培ってきた公共交通の適正な事業運営や、運転者の労働環境に大きな影響が生じる。導入しないで済むことがベストである」と述べた。

その後、河野大臣は、時間帯や台数を限定して運行されているライドシェアについて、7月から雨が予想されている場合は制限を緩和する方針を明らかにした。「1時間に5

ミリ以上の降水量が予報される場合は、運行時間や台数の制限を緩和する」「時間外であっても雨が予想される場合は、ライドシェアを活用可能とする改善を7月1日から開始する」とした。

しかし問題は、こうした技術的細目事項ではなく、本来の形のライドシェアを認めるか否かだ。

技術的に可能であり、社会的な要請が強いにもかかわらず、業界の利益のために導入できない。これは、明らかに不合理な事態だ。こうした現状を何とか打破できないだろうか?

3　AIを長期成長戦略の核に

政治家はAIに対する関心が薄い

2024年秋の自民党総裁選や総選挙では、経済政策のさまざまな課題について、多様な政策提言がなされた。しかし、AIについての活発な議論が行なわれたとは言えない状態だった。

日本の政治家に、ＡＩについての見解や意見を求めるのはもともと無理なのかもしれない。

しかしＡＩは、世界の未来を決める極めて重要な技術である。ＡＩに関してどのような政策をとるかによって、人々の生活も、国の進路も大きく変わる。

問題は、技術的なものだけではなく、政治的なものも含んでいる。立場によってＡＩの影響は異なるからだ。政治的な決定のいかんによって、社会を構成するさまざまな集団が進む道筋は、大きく異なるものとなりうる。だから、政治の場において、ＡＩの議論が十分に行なわれなければならない。

一般に、政治家はデジタル技術について十分な知識を持っているとは言い難い。とくにＡＩに関してはそうだ。しかし、「ＡＩの問題はよく分からないから、専門家に任せておけばいいだろう」ということでは困る。

技術の細部についてまで理解している必要はないが、ＡＩが社会に与える影響を正しく把握し、どのような方向づけを行なうかは、政治家に課された重大な責任だ。ＡＩがこれからの社会に与える影響の大きさを考えると、現在の日本の状況には、大きな問題があると考えざるをえない。

国会答弁に用いるという程度の認識

ＡＩにはさまざまなカテゴリーがあるが、この数年でとくに進歩が著しいのは、生成ＡＩだ。その中でも、大規模言語モデル（ＬＬＭ）と呼ばれるタイプのＡＩだ。

２０２２年の秋にChatGPTが一般に利用できるようになった後、とくに進歩が著しい。企業においては、すでにさまざまな業務で利用が進んでいる。

しかし、政治や行政では、ほとんど使われていない状況だ。

ChatGPTが利用可能になったとき、「国会答弁の下書きや議事録の作成に用いる」という提言を自民党がまとめた。ChatGPTはどんな質問にも答えてくれるので、国会答弁を任せれば、答弁作成作業が自動的に済んでしまうだろうと考えたのだろうか？　それによって、悪名高い霞が関の深夜残業問題を解決できるだろうと期待したのだろうか？

ＡＩに関する理解がこの程度の水準でしかされなかったのは、何とも残念なことだった。その後、ChatGPTを国会答弁に用いる件については、何も言われなくなった。

学校教育への導入が進む

ＡＩは、学校教育に大きな影響を与える。

学校教育のデジタル化が進んでおり、「デジタル教科書」が、２０２４年度から本格導入された。今後のデジタル教科書には、従来考えられていたものとは異なり、生成ＡＩが使われることになるだろう。これによってさまざまな分野で、人間の教師をChatGPTが代替することが可能になる。

外国語の教育においては、人間の教師よりも優れた面が多い。うまく使えば、ChatGPTは、外国語の勉強において、これまでのどんな外国語教師より優れた教師になれるかもしれない。日本人の語学力は国際的に見て低い。それが日本人の経済活動の国際化を妨げていることは否定できない。ＡＩを適切に使って外国語を勉強することによって、この状態が大きく変化することが期待される。

ただし、誤った答えがあり得ることなどを考えて、その利用は慎重に進める必要がある。どのような分野でどのようにChatGPTを用いていくかを考えることが必要だ。

リスキリングでは、極めて重要な役割を果たす

もう一つの重要な分野は、リスキリングだ。この分野におけるChatGPTなどの生成AIの役割は、学校教育におけるよりも大きい場合が多い。

学校教育の場合には、誰にも共通の内容を教える。しかし、リスキリングの場合には、学ぶべき内容が個人によって異なる。これまでの学習歴でどれだけの知識を有しているか、そしてリスキリングによって到達すべき水準がどの程度のものかによって、学ぶべき内容が人によって異なる。このため、もともと集団教育ではなく、個別教育が求められていた。

しかし、個別教育では、コストが非常に高くなる。この問題をAIが解決してくれる。自分の知識水準と目的を伝えれば、学ぶべき内容やレベルを、AIが判断して示してくれる。つまり、個人ごとに学習カリキュラムを作成してくれるわけだ。

また、AIは、学習コストを削減してくれるだろう。リスキリングブームで、さまざまな研修プログラムが提供されているが、多額の費用がかかるものが多い。本当にこれだけの費用が必要なのだろうか疑問に思うほどだ。この状態を、AIが改善してくれるだろう。

AIによる自動化をどう評価するか

AIによって、さまざまな面で省力化・自動化が実現できる。それが必要とされる場面もあるが、問題を引き起こす場合もある。

例えば、自動車の運転は、いま人手不足が深刻化していることもあり、AIによる自動化が強く求められている技術だ。こうした分野では、AIを活用することによって、人手不足を解消していくことが可能だろう。その他の多くの分野においても、AIによって人手不足問題を解消することが可能であると思われる。

他方、AIによって、それまで人間が行なっていた仕事が代替されてしまうケースもありうる。例えば、広告のコピー作成の仕事がChatGPTによって代替される事態が、アメリカではすでに社会問題になっている。こうした場合に、ＡＩの使用に制限を加えるべきかどうかは、極めて難しい問題だ。政治の場において、この問題について十分議論を深めることが必要だ。

AIの悪用によるさまざまな問題

ＡＩは、悪用することも可能だ。ＡＩの活用によってなりすましが極めて簡単にできるようになり、これを使った詐欺が次々に登場している。それによって、一般市民の日常生活が脅かされるケースも生じている。

また、選挙における悪用も広がっている。アメリカ大統領選挙では、ＡＩを用いたのではないかと考えられる、さまざまな問題行為がすでに報告されている。国境を越えた選挙妨害活動も行なわれていた。放置すれば、こうしたものは今後ますます増えていくだろう。

国境を越えたＡＩによる戦いは、もちろん選挙妨害に限られたものではない。軍事行動においても、ＡＩは極めて重要な役割を果たす。安全保障のあらゆる側面で、ＡＩが重要な問題を提起するのだ。

AI関連人材の育成を急げ

ＡＩの研究と関連人材の育成において、日本が著しく遅れていることは否定できない。これまでデジタル人材の確保が重要な問題として提起されてきたが、そこで想定されていたのは、主として従来型のコンピュータ関連の人材だ。

ＡＩ関係の人材は、最先端分野の人材であり、日本はこの分野で世界水準に比べて遅れている。というより、アメリカが突出しており、中国がそれにやや遅れて続いているという状態だ。

東京大学の工学部には、衰退産業の関連学科は（名称をそれまでとは変更して）存在しているが、「コンピュータサイエンス」という名の学科は存在しない。これは、世界の大学の工学部と比較して異常な姿だ。せめて、こうした状況を変えていくべきだろう。

このような状況を覆すのが極めて難しいことは間違いない。問題は大変深刻だ。それにもかかわらず、政治的な場における議論の対象とはなっていない。この問題の重要性を改めて認識すべきだ。

◆第9章のまとめ

1．日本経済の長期成長戦略は、政治での重要な論点となるべきだ。しかし、実際には、実効性のある政策論争にはなっていない。デジタル化を中心として、具体的な政策論を展開すべきだ。

2．アメリカや中国では、ライドシェアが普及し、広く利用されている。しかし日本では、タクシー業界の強い反対で、これまで原則的に禁止されていた。バス路線の廃止やタクシー不足などの問題を背景として、日本版ライドシェアが導入されたが、極めて限定的な導入にとどまっている。

3. ＡＩはこれからの世界の基本方向を決める、極めて重要な技術だ。ＡＩは長期成長戦略の核にすべきものであるのに、政治の場では、あまり関心が持たれていない。

第10章　日米新政権で、日本経済はどうなる？

1　金融正常化をどう進めるか

各国中央銀行が利下げ

2024年9月に、FRB（連邦準備制度理事会）は、0・5%の利下げを決め、政策金利の指標であるフェデラルファンド（FF）金利の誘導目標を4・75〜5・0%とした。11月6〜7日には4・50〜4・75%とした。

これに先だって、イギリスは、24年8月に4年5カ月ぶりの利下げを行なった。カナダは9月初旬に、政策金利を引き下げた。ECB（欧州中央銀行）は、9月12日、中銀預金金利を3・75%から3・50%に引き下げた。6月に4年9カ月ぶりに利下げを決めた後、7月は政策金利を据え置いていた。

欧米の中央銀行が利下げにかじを切るのは、インフレが落ち着きつつあるためだ。ユーロ圏では、8月の消費者物価指数の上昇率が前年同月比2・2%と、およそ3年ぶりの低水準になった。ドイツでは2・0%。ユーロ圏20カ国のうち9カ国は、2%以下にまで鈍化している。

日本では金利引き上げ

今後の日本経済にとって重要な課題は、金融の正常化をいかに進めるかだ。日本銀行は、2024年3月18～19日に開催された金融政策決定会合において、マイナス金利政策を解除し、政策金利を0～0・1%程度に引き上げた。これは、17年ぶりの利上げだった。24年7月30～31日に開催された金融政策決定会合では、政策金利を0・25%程度に引き上げた。

欧米諸国の中央銀行が利下げを行なっているのに対して、日銀が利上げを行なっているのは、極めて対照的だ。これは、22年以降、インフレの進行に対処するため、FRBをはじめとする各国の中央銀行が利上げを行なったのに対して、日本銀行は、マイナス金利政策を取り続けたからだ（これまでの金融政策の推移については、第1章の2、第3章の6で述べた）。

日本の自然利子率はマイナス0・2%程度

政策金利のめどになるのが、第3章の3で説明した「自然利子率」だ。「自然利子率」は実質金利だが、これに均衡状態における期待インフレ率を加えた値が「中立金利」だ。これは、景気に中立的な金利水準だ。

日本銀行は、自然利子率の推計を行なっており、その結果をワーキングペーパーなどで公表している。最近のワーキングペーパーを見ると、結果はつぎのとおりだ(注)。

「複数の手法を用いて日本の自然利子率の推計を行なった結果、日本の自然利子率は長

（注）杉岡優、中野将吾、山本弘樹『自然利子率の計測を巡る近年の動向』2024年8月

期的にみて、緩やかな低下傾向にあることが確認された。

1995年頃から、一部の推計値が初めてゼロを下回った後、緩やかな低下傾向が続き、2010年頃にはほぼ全ての推計値が負の値を取る時期もみられた」

さまざまな手法による推計値の中央値をみると、アメリカが1・3%程度、ユーロ圏が0・5%程度であるのに対して、日本はマイナス0・2%程度となっている。

日本の政策金利は、低すぎる

アメリカの場合、仮に自然利子率の値として前項で見た1・3%を用い、期待インフレ率として2%をとるなら、中立金利は3・3%となる。

日本の場合は、仮に期待インフレ率を2%とすると、自然利子率がマイナス0・2%なら、中立金利は1・8%になる。したがって現在の政策金利は、低すぎることになる。

つまり、過度の金融緩和状態になっていると考えられる。

したがって、日本は、できる限り早い段階で、政策金利を引き上げるべきだ。

ところが、日銀の幹部からは、自然利子率や中立金利に依存することに慎重であるべきだとの発言が相次いでいる。「推計結果には幅があるから」というのがその理由だ。

しかし、どんな推計にも幅がある。「だから使えない」というのでは、政策決定にデータを用いることがすべて否定されてしまうことになる。

また、どのように用いるかという問題もある。中立金利が1・8%と推計されたからといって、文字どおり1・8%にする必要はない。1・5%にとどめることも、十分ありうるだろう。

重要なのは、0・25%程度という現在の誘導目標が低すぎるということだ。もしそれを否定するのであれば、なぜ否定するかを示す必要がある。

2 アメリカが大幅利下げなのに、なぜ円安?

8月にはすでに円キャリーが復活?

第2章で見たように、2024年の初めから顕著な円安が進んでいたが、7月に状況が急転し、急激な円高が進んだ。9月13日には、1ドル=141円になった。

ところが、9月末から再び円安が進んだ。10月半ばには、1ドル＝150円近くまで円安が進んだ。為替レートはなぜ円安になるのか？ この問題を検討するためにまず、8月以降の状況を追っていくことにする。

第1章の2で見たように、24年7月まで顕著な円安が進んでいたのは、日米の金利差が開いたことから、「円キャリー取引」という投機取引が増加したためだ。

ところが、第4章の2で見たように、8月になって日本銀行から、追加利上げを控えることを示唆するメッセージがつぎつぎに発信された。円安の背景には、このような日本側の事情もある。しかし、基本的には、以下に述べるアメリカ側の要因の影響のほうが大きいと考えられる。

アメリカの利下げは大幅すぎた？

本章の冒頭で見たように、FRBは、9月18日に、政策金利の誘導目標を、5・25%～5・5%から0・5%引き下げた。これによって、アメリカの政策金利は4・75～5・0%となった。

利下げは、2020年3月に、新型コロナのための経済の落ち込みを防ぐため、政策金利をゼロにまで引き下げて以来、4年半ぶりのことだ。

エコノミストの大部分は、通常の利下げ率である0・25%の利下げを予想していたので、0・5%という下げ幅は、市場予想を大きく上回るものだった。

ところが、0・5%という下げ幅は大きすぎたとの評価がある。利下げは必要だが、インフレ率がいまだに高いことや、失業率が低いことを考慮すれば、0・25%の引き下げが適当との考えだ。実際、FRBの理事の一人は、0・25%の引き下げを主張して、理事としては2005年以来の反対票を投じていた。

それにもかかわらず0・5%の引き下げが支持されたのは、その時点の雇用統計が雇用情勢の減速を示していたからだ。しかし、10月4日に公表された9月の雇用統計では、非農業部門の就業者数が前月比25万4000人増になり、市場予想を大幅に上回った。

だから、大幅利下げは間違いだったという評価があり、今後の利下げを急ぐ必要はないという考えが強まった。

アメリカの長期金利は下がらず

FRBが政策金利を引き下げたにもかかわらず、市場では長期金利が上昇した。

アメリカの長期金利（10年国債利回り）は、9月初めには、3・6％台まで低下していたが、その後3週間ほどで、0・3％程度上昇した。さらに、10月7日には、約2カ月ぶりに4・0％を上回った。

これは、FRBが利下げを急がないとの見方が広がったためだ。さらに、後述のように、新政権下で財政赤字が増加する懸念があるからだ。

伝統的な金融政策は、「政策金利を動かせば長期金利にも影響が及ぶ、つまり、政策金利を下げれば長期金利も下がる」という前提で行なわれている。しかし、2022年以降、アメリカでは、短期金利である政策金利が、長期金利に比べて高くなっていた。

アメリカの政策金利が、中立的な金利水準に比べて高すぎるのは事実だ。だから、いずれは、もっと下がる。そして、それが均衡になるだろう。

ただし、政策金利を下げても、長期金利を下げることにはならない可能性がある。

次期大統領は、バラマキ政策を行なう可能性が高い

アメリカの長期金利が下がらないのは、高金利が続いてもアメリカ経済が失速しないだろうことを示している。これが、利下げを急ぐ必要はないという考えの根拠だ。これに加え、連邦政府の巨額の財政赤字の問題がある。

アメリカの財政赤字は、新型コロナの期間中に、給付金の増大などにより急拡大した。しかし、コロナの混乱が収束しても、財政赤字は圧縮されず、コロナ前の2倍近い額にとどまっている。

CBO（米議会予算局）は、2024会計年度の財政赤字は、前年度比13％増の1兆8340億ドル（約270兆円）にのぼるとの試算を、10月8日に発表した。

ところが、ハリス氏もトランプ氏も、財政赤字削減計画を示さなかった。それどころか、いずれの候補者も、バラマキ政策を標榜した。

ハリス氏は、児童税額控除の拡大や、住宅取得促進策など、低中所得層の生活支援を提案した。トランプ氏も、残業代やチップ、社会保障関連の給付金への非課税を打ち出した。

こうして、どちらが次期大統領になるとしても、財政赤字が今後さらに膨張する恐れがあり、長期金利には上昇圧力が加わるとの見方が強まった。そして、ドル高・円安圧力が働いたのだ。

3 漂流を始めた日本の政治で、インフレの危険が強まる

少数与党による部分連合

2024年10月の衆議院選における自民・公明党の惨敗により、日本の政治状況が大きく流動化し始めた。

戦後の日本で、自民党が政権を継続できなかったことが2回ある。

1回目は、1993〜1994年の連立政権だ。1993年6月の宮澤内閣不信任案の採決において、自民党の反主流派・羽田派が造反して賛成、可決され、衆議院が解散された。そして、1993年の総選挙後に細川内閣が、1994年に羽田内閣が成立した。

2回目は、2009〜2012年の民主党政権だ。自民党は公示前に300あった議席が119に激減し、1955年の結党以来、初めて第一党の座を失った。民主党は公示前の115から308に議席を増やし、単独過半数（241議席）を大きく上回った。民主党は、社会民主党・国民新党とともに、連立政権（鳩山内閣）を作った。

このいずれの場合にも、国民の側から見れば、新しい政治体制への期待があった（実際には、その期待は満たされなかったのであるが）。

しかし、今回の政治状況は、これらとは異なる。多数勢力が存在しない（あるいは、作れない）ので、重要な決定ができない。政策の中身によらず、どんな政策も実行が難しいということになってしまう。極言すれば、「何もできない」という事態に陥る危険がある。

基盤が弱い政権は、大きな改革に手をつけることを避ける。とりわけ、負担の増加を伴う政策はそうだ。そうでなくとも、政権は国民負担の増加を伴う施策を後回しにする傾向がある。この傾向は、新内閣においては、顕著なものになるだろう。そして、本来必要とされる政策が手をつけられずに放置されるという事態が頻発するだろう。

この意味で、現在の状況は、これまで日本が経験したことのなかった新しい事態だ。日本はいま、重大な危機に直面している。

こうした状況は外国ではしばしば見られるが、戦後の日本では初めてのことだ。

総花的政権運営になる

政策に応じて野党の協力を求めるという「部分連合」では、各党の主張を取り入れなければならないので、首尾一貫しない無原則で方向性のないバラマキ政策が行なわれる可能性が高い。

補正予算においては、物価対策と称して、さまざまな給付金や補助金が支出された。また、2025年度予算においても、増税や負担増は見送りとされ、代わりにさまざまな給付金が増えるだろう。

防衛費増額のための増税が予定されているが、この実行は極めて難しいだろう。このほか、医療保険や介護保険の保険料率引き上げや自己負担の増加も難しい。

金融資産所得の課税強化は、まずできないだろう。むしろ、経済全体の立場からはあまり意味のない減税が行なわれる可能性もある。

バラマキ政策の財源を他の歳出削減や増税に求めるのは、ほぼ不可能だ。だから、国債増発に頼らざるをえない。したがって、財政赤字が拡大する。

コロナ以降、さまざまな給付金が支出されて財政が膨張しており、とくに補正予算において拡大的な施策が行なわれることが、半ば慣例化してしまった。このため財政赤字が拡大している。

「中長期の経済財政に関する試算」(内閣府、2024年7月)によれば、GDPに対する国債残高の比率は、2024年度で175・8%だ。

「成長移行ケース」では、今後低下し、2033年度には154・4%になる。しかし、このようなシナリオが実現する確率は、極めて低くなってしまったと考えざるをえない。

「過去投影ケース」では、今後上昇して2033年度には181・8%になる。だが、こうした水準に収まるかどうかさえ、定かではない。

財政制度が大きく違うので単純な比較はできないのだが、アメリカの政府債務の対GDP比は、2024年6月で122・3%だ。日本の場合には財政赤字がきわめて深刻な問題であることが分かる。

財政赤字が増加すると、GDPが増加するため、不完全雇用下であっても物価上昇圧力が生じる。

これは、物価高に悩む日本に、さらに困難な問題を突きつけることになる。そして、実質賃金の持続的な上昇という目標は、一層遠のくことになるだろう。

4 トランプ政権の政策は、日本経済に無視できぬ打撃を与える

トランプ氏再選をマーケットは歓迎したが……

2024年11月に行なわれたアメリカ大統領選挙で、ドナルド・トランプ氏が勝った。また、共和党が上院、下院ともに制することとなった。以下では、日本経済への影響を考えたい。

この問題については、短期的な影響と長期的な影響を分けて考えることが必要だ。

短期的な影響は、株式市場や為替市場に対する影響だ。長期的な影響は、通商関係や

世界的分業に対する影響である。そして、減税政策がもたらす影響だ。

大統領選挙でトランプ氏優勢が伝わると、アメリカの株価は上昇し、為替レートは円安に動いた。

トランプ氏の経済政策は企業寄りのものと解釈されているからだ。特に法人税の減税が期待されているのだろう。

しかし、トランプ氏の経済政策が、日本経済にとってプラスかどうかは分からない。法人税減税は、日本企業にとっては直接のメリットにはならない。その反面で、高関税は日本の輸出に悪影響を与える可能性が高い。特に、メキシコからの輸入車に対する高税率の関税や、ＥＶ政策の見直しは、日本の自動車メーカーにとって大きな問題となる可能性もある。

円安が進む可能性があるが、攪乱要因も

選挙戦の終盤で、トランプ氏の再選を織り込む「トランプトレード」が、すでに起こっていた。そして、インフレの再加速や財政悪化を懸念した国債の売り圧力が高まり、

金利が上昇していた。

以下で述べるように、トランプ氏は大規模減税や関税引き上げを公約に掲げていた。こうした政策でインフレが再燃すれば、利上げが必要となる可能性がある。長期金利が上昇すれば、円安が進行する可能性もある。

ただし、トランプ氏は、もともとドル安志向だ。そして、景気刺激のために利下げを主張している。したがって、同氏の圧力が金融政策にかかれば、日米金利差が縮小し、円高が進む可能性がある。

トランプ氏は、FRBの金融政策に対して大統領が発言権を持つべきだと主張しているので、こうした圧力は無視できない。ただし、いうまでもないことだが、現在の制度では、大統領がFRBの決定に介入することはできない。

トランプ高関税が引き起こす、さまざまな問題

中長期的な問題として重要なのは、第一に、トランプ氏がアメリカの産業を保護するため、関税の引き上げを行なうとしていることだ。トランプ氏は、全ての輸入品に対し

て高率の関税をかけるとしている。そして、中国製品に対しては、さらに高率の関税をかけるとしている。

また、中国に対する最恵国待遇を撤回し、中国への依存度を引き下げるとしている。

こうした措置は、自由貿易に対する大きな障害となるだろう。前回のトランプ政権時のような米中間関税引き上げ競争が再発すれば、世界的なサプライチェーンに大きな影響が及ぶ危険がある。

前回のトランプ政権時に実施された対中関税引き上げは、日本にはあまり大きな影響を与えなかった。しかし、今後は対中国以外の関税引き上げがありうるので、日本の自動車産業に大きな影響があるかもしれない。

また、高関税は、アメリカ国内の物価上昇を加速化する可能性がある。前回は、人民元の切り下げや、サプライチェーンによって関税が負担されたために、アメリカ国内の物価への影響は限定的だった。しかし、今回は引き上げ率が高く、対象国も広いため、アメリカ国内の物価を上昇させる可能性がある。

トランプ氏は、規制緩和によってアメリカ国内で原油や天然ガスを増産し、それによってインフレを防止するとしている。しかし、そうした効果があるかどうかは疑問だ。インフレが再加速すれば、ＦＲＢが金利引き下げのテンポを弱めるどころか、引き上げる可能性がある。そうなれば、日米金利差が縮小せず、円安が進むだろう。

ただし、追加関税措置などの保護主義的な政策によって景気が減速し、利下げ圧力が強まるかもしれない。

日本の自動車産業に大きな影響の可能性

トランプ氏は、大統領選で、メキシコで生産してアメリカに輸入される自動車に高率の関税を課すとしていた。

仮にこうした関税引き上げが本当に実施されれば、日本の自動車業界にとっては大きな打撃となるだろう。

また、トランプ氏は、バイデン政権が進めたＥＶ（電気自動車）の普及政策を非難していた。そして、こうした政策を終わらせると約束していた。このため、ＥＶ購入に対する連邦税額控除の廃止や、関税引き上げを実施するかもしれない。

ＥＶの普及を進める政策が大幅に修正されれば、テスラをはじめＥＶメーカーに打撃を与えるように思われる。そして、ガソリン車やディーゼル車、ハイブリッド車のメーカーには、プラスに働くように思われる。

しかし、事態はそれほど単純ではない。ＥＶ支援策縮小による打撃は、テスラよりも競合他社の方が大きいと言われる。仮にテスラがＥＶ市場で優越的な立場を維持できるなら、ＥＶ支援の縮小によって、テスラが恩恵を受ける可能性が高いとも言われる。

減税は短期的には恩恵だが、財政赤字を拡大

国内の税政策はどうか？　トランプ氏は、前政権時代の２０１７年に、経済政策の柱として、10年間で総額１・５兆ドル規模の大型減税を実施した。これによって、法人税率を35・０％から21・０％に引き下げ、個人所得税の最高税率を39・６％から37・０％に引き下げた。

これは、富裕層優遇の減税策との批判があったのだが、トランプ氏は今回の選挙戦で、減税策の期限を撤廃し、恒久的な制度にすると公約した。そして、法人税率を、21・

0％からさらに15・0％に引き下げるとした。

また、接客業に携わる人々が受け取っているチップや、社会保障の給付金への課税を廃止するとした。そして、住宅ローン金利を引き下げ、税制優遇措置などを通じて住宅の購入を支援するとした。一方、高齢者に対しては、公的医療保険や社会保障は一切削減しないと明言した。

このような減税や法人税率の引き下げなどの政策は、短期的には、確かに企業や減税対象者に恩恵をもたらす。

ただし、それは財政赤字の拡大を招く。そして、財政赤字の拡大はインフレ再燃をもたらす危険がある。

アメリカの超党派の非営利団体「責任ある連邦予算委員会（CRFB）」は、トランプ氏とハリス氏の財政政策について、非常に詳細な推計を行なって公表していた(注)。

それによれば、トランプ政策による政府債務の増加は、ハリス政策の場合の3・5兆ドルを上回る7・5兆ドルになる。そして、赤字のGDP比が、2035年度末までに142％に達する可能性がある。借金増加が1・65兆ドルにとどまる可能性もあるが、最大では15・55兆ドル増える可能性もある。

トランプ氏の支持基盤は、ラストベルトなどの貧しい白人が中心だと言われる。しかし、前記の減税政策は、富裕層や法人企業を主たる対象としたものであると考えられる（チップ非課税などは一部の低所得者層に利益を与えるだろうが）。それにもかかわらず、貧しい白人がトランプ氏を支持するのは、なぜなのであろうか？　私には、まったく不思議なことにしか思えない。

長期的な経済成長にはマイナス

アメリカでは、コロナショックからの回復の初期において大量の早期退職が発生したため、顕著な労働力不足が生じた。それは賃金を上昇させ、インフレの原因となった。

こうした労働力不足を、大量の不法移民が補ったのは事実だ。移民は現在でも安価な

（注）The Fiscal Impact of the Harris and Trump Campaign Plans, Oct 28, 2024, Committee for a Responsible Federal Budget.

労働力として、インフレの沈静化と景気拡大に貢献している。不法移民を取り締まるのは当然だろうが、あまりに進めれば、アメリカの最大の長所である人種的寛容性を捨て去ることにもなる。

高関税による国内産業の保護は、長期的には、アメリカの経済発展の阻害要因になる。日本車への関税引き上げが実施されれば、アメリカに従来タイプの自動車産業が残る。それが、アメリカの長期的な発展の阻害要因となるだろう。

トランプ氏の経済政策は、アメリカを強くするという建前だが、長期的にはアメリカの発展にとってマイナスの効果をもたらすこととなる可能性が高い。

これは拙著『アメリカはなぜ日本より豊かなのか？』（幻冬舎新書、2024年）の第7章で指摘したところだ。この懸念は、現実のものとなる可能性がある。

5 アメリカ大統領選で国論が分裂したのは、アメリカが変化しているから

アメリカの産業構造は大きく変わった

本節では、2024年11月のアメリカ大統領選を通じて問われたことの本質が何であったかを考えることとしたい。

それは、一言で言えば、「異質なもの、あるいは従来はなかったものを、認めるか否か」ということだ。

1980年代以降のアメリカは、世界経済の変化、とくに中国の工業化によって、大きく変貌した。新しいアメリカには、それまではなかった新しい企業群が登場し、目覚ましく成長した。とりわけ大きな変化は、カリフォルニア州のシリコンバレーと呼ばれる地域を中心として、情報産業が発達したことだ。これが、IT革命だ。

しかし、こうした変化から見捨てられた人たちがいた。その典型が、ラストベルトと呼ばれる地域で、1980年代までのアメリカの中核産業であった鉄鋼・自動車などの製造業に雇用されていた人々だ。これらの人々は、自動車産業や鉄鋼産業が日本や中国

からの輸入によって衰退したため、職を失った。

ラストベルトでは、それらに代わって、新しい産業である製薬産業が成長した。

アメリカ全体を見ても、1980年代までにアメリカを支配した製造業は、時価総額でほとんど見る影もないほどに衰退した。その反面で、時価総額リストのトップを占めるのは、1980年代には存在しなかった企業がほとんどだ。

新しい産業を作ったのは「新しいアメリカ人」

もうひとつ重要な点は、前記の新しい企業群を作ったのは、移民、あるいは移民の子である場合が多いことだ。これはとくに、シリコンバレーのIT企業に顕著に見られる傾向だ。こうした人々は、従来のアメリカ人ではなく、「新しいアメリカ人」なのである（なお、「新しいアメリカ人」の活躍は、最近になって始まったことではない。昔から、アメリカの発展を支えてきたのは、こうした人々だ）。

その典型がNVIDIAであるが、同じことが他の多くのIT企業についても言える。アメリカの時価総額リストの上位にある企業のトップの多くが、移民、あるいは移民の子で占められている。これも、『アメリカはなぜ日本より豊かなのか？』で強調した点だ。ラストベルトで失業している人々がこうした状況を見て、自分たちの職が、新しくアメリカに入ってきた人々によって奪われたと考えたとしても、やむをえないだろう。ただし、こうした変化によってアメリカ経済が全体として繁栄していることも事実である。

ところが、トランプ氏は、従来のアメリカの中心産業であった製造業を守ろうとする。そのために、中国からの輸入に対して関税をかける。そして、移民に対しても制約的な政策を取ろうとする。

高関税の賦課は、国際分業を阻害する。その結果、長期的に見れば、アメリカの成長の阻害要因になる。経済全体の合理性の立場から言えば、こうした方向が誤りであることに間違いはない。

トランプ氏は国際分業のメリットを知らないと言わざるをえない。とくに比較優位の原則を理解しているとはとても思えない。その結果、MAGA（Make America Great Again、アメリカを再び偉大に）として行なう政策が、かえってアメリカを弱くしている。だから、経済政策をめぐって対立が生じる。

日本の総選挙では経済に関して論争が起きなかった

翻《ひるがえ》って、2024年10月に行なわれた日本の総選挙において何が争点だったかを思い出してみよう。

ここでの最大の争点は、政治資金の問題であった。それが重要な問題であるのは間違いない。しかし、経済問題に関して何が争点だったかを思い出すことができない。そもそも、争点とすべきことがなかったと言っても過言ではないだろう。

日本経済に問題がないから、争点がないのではない。そうではなく、日本経済が変化していないから、争点がないのだ。

これは、いまに始まったことではない。1980年代以降の中国の工業化によって、日本の製造業は大きな影響を受けた。しかし日本は、アメリカのように新しい産業を成長させることによってそれに対応したのではなく、従来の産業構造を温存することを目的にして円安、金融緩和の方針を取った。

このため、日本は失業率の大幅な上昇というような深刻な問題に直面することはなかった。しかし、その反面で、産業構造の改革が進まなかった。そして、世界経済における日本の地位が低下した。

日本の場合、現在の支配的な産業は、１９８０年代の支配的な産業とほとんど変わらない。それは、従来タイプの製造業や金融業だ。サービス産業に新しい企業が現れているのは事実だが、それが経済構造を大きく変えるまでには至っていない。

アメリカの場合に国論が分裂するような争点が提起されるのは、国全体がダイナミックに変化していることの反映なのである。

◆第10章のまとめ

1．世界の中央銀行が利下げを始めている。ＦＲＢも利下げを開始した。自然利子率の概念を用いて評価すると、現在の日本の政策金利の水準は低すぎる。

2．2024年7月から8月にかけて急激な円高が進んだが、その後、再び円安が進んだ。この原因は、日本側というよりは、主としてアメリカ側にある。FRBの大幅利下げにもかかわらず、アメリカの長期金利が低下しないのだ。その背景には、次期政権で予想されるバラマキ財政政策がある。

3．自民・公明党が過半数割れになり、今後の政策運営は極めて困難になった。政権基盤が弱体な新内閣は、必要とされる政策を後回しにし、バラマキ経済対策などの人気取り政策に走る可能性が高い。

その結果、財政赤字が拡大する危険がある。日本経済は、重大な危機に直面している。

4．トランプ氏の経済政策は、企業寄りのものと考えられている。しかし、中長期的な観点からすると、さまざまな問題がある。高関税の賦課は、日本の自動車メーカーにも大きな影響を与える。それだけでなく、長期的に見れば、アメリカの成長をも阻害することになる。

5．アメリカ大統領選挙では、経済問題に関して、国を二分する大きな問題が議論された。これは、経済成長に取り残された人々がいるためだ。そうなるのは、アメリカの産業構造が変化しているからだ。これに対して日本では、産業構造がさほど変化していないので、総選挙においても経済問題での本格的な対立はなかった。

著者略歴

野口悠紀雄《のぐちゆきお》

一九四〇年、東京に生まれる。六三年、東京大学工学部卒業。六四年、大蔵省入省。七二年、エール大学Ph.D.(経済学博士号)。一橋大学教授、東京大学教授(先端経済工学研究センター長)、スタンフォード大学客員教授、早稲田大学大学院ファイナンス研究科教授などを経て、一橋大学名誉教授。専攻は日本経済論。

近著に『日本が先進国から脱落する日』(プレジデント社、岡倉天心賞)、『2040年の日本』『「超」創造法』『アメリカはなぜ日本より豊かなのか?』(いずれも幻冬舎新書)、『超「超」勉強法』(プレジデント社)、『日銀の責任』(PHP新書)、『プア・ジャパン』(朝日新書、楽天Kobo 電子書籍Award 2024 新書部門入賞)など。

・X(旧ツイッター)　https://x.com/yukionoguchi10
・note　https://note.mu/yukionoguchi
・野口悠紀雄Online　https://www.noguchi.co.jp/

幻冬舎新書 752

日銀の限界
円安、物価、賃金はどうなる?

二〇二五年一月二十日 第一刷発行

著者 野口悠紀雄
発行人 見城 徹
編集人 小木田順子
編集者 四本恭子
発行所 株式会社 幻冬舎
〒一五一-〇〇五一 東京都渋谷区千駄ヶ谷四-九-七
電話 〇三-五四一一-六二一一(編集)
〇三-五四一一-六二二二(営業)
公式HP https://www.gentosha.co.jp/
ブックデザイン 鈴木成一デザイン室
印刷・製本所 株式会社 光邦

Printed in Japan ISBN978-4-344-98755-5 C0295
の-3-5

*この本に関するご意見・ご感想は、左記アンケートフォームからお寄せください。
https://www.gentosha.co.jp/e/

幻冬舎新書

野口悠紀雄
だから古典は面白い

無類の読書家であり経済学者の著者は「読書するなら古典」という。著者が推薦する本を読めば、そのめくるめく世界観に心浮き立つだけでなく、仕事で役立つ知識も身につくこと、請け合い！

野口悠紀雄
2040年の日本

20年後の日本を経済学者が大胆予測。日本経済や国力、年金や医療費などの社会保障、医療・介護技術、メタバースやエネルギー問題、EVや核融合・量子コンピュータなど幅広い分野について言及。

野口悠紀雄
「超」創造法
生成AIで知的活動はどう変わる？

半世紀にわたってアイディアを生み出す手法を蓄積してきた著者が、生成AIを導入・実験して、真に効果のある使い方を発見。さらにバージョンアップした、最強のアイディア創造法を公開。

野口悠紀雄
アメリカはなぜ日本より豊かなのか？

国民の能力に差はないのに国の豊かさとなるとなぜ雲泥の差が生じるのか？　専門家の報酬はアメリカのほうが7・5倍高いことも。その理由を解説し、日本が豊かさを取り戻すための方策を提言。